« Les astres inclinent,
mais ne déterminent pas. »

Proverbe latin

SOMMAIRE

LE PETIT GUIDE DE L'ASTROLOGIE

Élodie POIRET et Justine LABURIAU
@lashantibox

LE PETIT GUIDE DE L'ASTROLOGIE

Zodiaque · Planètes · Maisons

mll

INTRODUCTION

UNE DISCIPLINE MILLÉNAIRE

L'astrologie a toujours joué un rôle unique dans l'histoire des civilisations. En cherchant à relier les mouvements des astres aux événements sur Terre, elle offre une clé pour interpréter le destin des individus et des sociétés. Bien que la science moderne ait fait des avancées remarquables, l'astrologie continue de fasciner, autant ceux qui la perçoivent comme un outil de développement personnel que ceux qui y voient une représentation symbolique.

LE THÈME DE NAISSANCE

Il agit comme une véritable carte personnelle, révélant votre potentiel, vos talents ainsi que les diverses opportunités et défis qui peuvent se présenter dans votre vie. En décryptant votre thème, vous découvrirez non seulement des aspects de vous-même que vous connaissez déjà, mais aussi d'autres, moins évidents, qui restent à explorer. En effet, si certaines révélations vous divertiront, d'autres vous pousseront à approfondir vos connaissances, et certaines encore vous pousseront à devenir la meilleure version de vous-même. Ainsi, l'astrologie, en tant qu'outil de compréhension de soi, peut vous aider par exemple à résoudre des défis quotidiens, à identifier les qualités que vous recherchez chez un partenaire, à réaliser votre potentiel professionnel et financier, à améliorer vos capacités de communication, ou encore à puiser dans vos forces intérieures.

UN OUTIL POUR SE COMPRENDRE

Grâce à ce livre, vous allez acquérir les bases essentielles de l'astrologie et progresser vers la maîtrise de la lecture d'un thème de naissance. Nous vous invitons à plonger dans les fondements de l'astrologie, en laissant de côté les préjugés et idées reçues, pour offrir une approche à la fois claire et accessible.

Tout au long des différents chapitres, nous examinerons comment l'astrologie peut vous aider à mieux comprendre votre personnalité, vos ambitions, ainsi que les défis et opportunités qui parsèment votre chemin de vie.

LES PREMIÈRES TRACES HISTORIQUES (BABYLONE, ÉGYPTE)

Il y a 4 000 ans, les Babyloniens établissent des liens entre événements terrestres et célestes, développent les éphémérides et établissent des méthodes de prédiction d'abord centrées sur l'État, puis sur les individus. Les Égyptiens empruntent leur zodiaque et l'enrichissent avec les décans, créant ainsi un système à 12 signes du zodiaque divisés en 3 décans chacun. Les astrologues établissent alors des horoscopes selon la date et l'heure de naissance.

L'ASTROLOGIE DANS LA GRÈCE ET LA ROME ANTIQUES

En Grèce, l'astrologie fut rapidement intégrée à d'autres disciplines comme la médecine et la philosophie. Les Grecs ne distinguent cependant pas l'astrologie de l'astronomie[1].

1. L'astronomie étudie l'ensemble des objets célestes et de l'univers. L'astrologie s'appuie sur le mouvement de certains astres uniquement.

L'Empire romain, quant à lui, fut influencé par la Grèce, mais des débats sur les prédictions et notamment ce qu'il était possible de prédire ont fait rage. L'astrologie était alors utilisée comme une arme politique, prédisant des guerres ou des rébellions. L'intérêt pour l'astrologie s'est par la suite amenuisé avec le développement du christianisme.

L'ASTROLOGIE ARABE ET MÉDIÉVALE

L'influence arabe et médiévale en Europe s'appuie sur des textes gréco-romains traduits par des auteurs arabes. Ces traductions arrivent dans les bibliothèques médiévales européennes, où l'astrologie est utilisée en lien avec la santé et aux événements majeurs, bien que la religion voie celad 'un mauvais œil Des instruments comme l'équatoire permettent de calculer les positions célestes. Plus tard, la Renaissance voit l'astrologie comme un outil politique, et l'imprimerie permet la diffusion d'almanachs, mais les progrès scientifiques au XVIIIe siècle la marginalisent.

L'ASTROLOGIE AU CŒUR DES CIVILISATIONS MODERNES

L'astrologie persiste dans plusieurs civilisations, notamment en Inde (Jyotish) et en Chine, où elle s'appuie sur le cycle lunaire et les éléments. En Europe et aux USA, l'astrologie connaît un regain d'intérêt au XIXe siècle avec le développement du spiritisme, et au XXe siècle, Carl Jung donne à l'astrologie une dimension psychologique. L'astrologie contemporaine se démocratise via les horoscopes solaires, popularisés par la presse.

Aujourd'hui, elle est perçue comme un outil concret pour guider la vie, tout en restant ancrée dans le libre arbitre.

PARTIE 1

L'ASTROLOGIE, UNE HISTOIRE D'ÉLÉMENTS

LES CARACTÉRISTIQUES DES ÉLÉMENTS

LES ÉLÉMENTS AU SERVICE DE LA PERSONNALITÉ

Les personnes nées sous le même signe solaire présentent des caractéristiques communes. Ces caractéristiques communes seront plus ou moins fortes selon notre thème astral complet, mais elles peuvent déjà nous donner des indications sur notre personnalité.

La nature de chaque signe est facilement décrite par son élément, elle représente notre base.

Il existe quatre éléments, à chacun desquels correspondent 3 signes de la roue du zodiaque, qui sont classés comme ceci :

- **le Feu :** Bélier, Lion, Sagittaire ;
- **la Terre :** Taureau, Vierge, Capricorne ;
- **l'Air :** Gémeaux, Balance, Verseau ;
- **l'Eau** : Cancer, Scorpion, Poissons.

Les éléments sont comme des forces intérieures qui façonnent la manière dont nous vivons et interprétons le monde. L'étude de leur influence sur la personnalité permet une meilleure compréhension de soi-même, favorise l'équilibre personnel, et offre des outils pour grandir et évoluer à travers les différents aspects de notre existence.

FEU AIR EAU TERRE

BÉLIER

LION

SAGITTAIRE

LES SIGNES DE FEU (BÉLIER, LION, SAGITTAIRE)

Les signes de Feu sont pleins d'énergie, aventureux, optimistes. Ils n'hésitent pas à prendre des initiatives et des risques. On les décrit souvent comme des leaders positifs, ils inspirent les autres à sortir de leur zone de confort.

Chaque nouvelle aventure est entamée avec beaucoup d'enthousiasme. De plus, les signes de Feu font preuve de beaucoup de courage, ils sont inébranlables face aux difficultés.

LES SIGNES DE TERRE (TAUREAU, VIERGE, CAPRICORNE)

TAUREAU

VIERGE

CAPRICORNE

Les signes de Terre sont par essence terre-à-terre, ce sont des signes constants, réalistes et déterminés. Ils savent faire preuve de bon sens et trouvent des solutions pratiques aux problèmes rencontrés. Ils recherchent la stabilité, la sécurité, et ont besoin de contrôler leur environnement.

Les signes de Terre sont connus pour leur pragmatisme et leur fiabilité, ils font preuve de beaucoup d'autodiscipline.

LES SIGNES D'AIR (GÉMEAUX, BALANCE, VERSEAU)

GÉMEAUX

BALANCE

VERSEAU

Les signes d'Air sont des personnes analytiques et communicantes. Le symbole de l'air représente le monde des idées et des pensées. Ce sont des penseurs, ils ont besoin de comprendre le monde qui les entoure.

Les signes d'Air sont curieux et ont besoin d'apprendre, de découvrir. Ils sont également connus pour être sociables, agréables, et peuvent apporter un vent nouveau et rafraîchissant.

LES SIGNES D'EAU (CANCER, SCORPION, POISSONS)

CANCER

SCORPION

POISSONS

Les signes d'Eau sont des signes sensibles, profondément connectés à leurs émotions, leurs ressentis. On les décrit généralement comme des personnes avec beaucoup de compassion, à l'écoute, empathiques.

Les signes d'Eau ressentent, ils ressentent les émotions, ils ressentent les sentiments, ils ressentent les vibrations et ils résonnent avec leur corps émotionnel.

LES MODES

LA DYNAMIQUE DES SAISONS

Chaque signe est relié et influencé par un mode : cardinal, fixe ou mutable. Chaque mode regroupe 4 signes : les signes cardinaux entament la saison, les signes fixes sont le cœur de la saison et les signes mutables la concluent.

Ainsi, par exemple, le Bélier est un signe cardinal qui entame le printemps, puis le Taureau prend le relais au cœur du printemps. Enfin, c'est le soleil des Gémeaux qui termine la saison du printemps.

LES SIGNES CARDINAUX (BÉLIER, CANCER, BALANCE, CAPRICORNE)

Ils annoncent chaque début de saison. Le Bélier pour le printemps, le Cancer pour l'été, la Balance pour l'automne et le Capricorne pour l'hiver.

Ils amènent l'impulsion à chaque saison. Ils donnent des idées, sont créatifs et incitent à l'action. Les signes cardinaux sont porteurs de nouveaux projets et moteurs de nouveaux départs.

BÉLIER PRINTEMPS FEU	CANCER ÉTÉ EAU	BALANCE AUTOMNE AIR	CAPRICORNE HIVER TERRE

LES SIGNES FIXES (TAUREAU, LION, SCORPION, VERSEAU)

Ils représentent le milieu de la saison. Le Taureau pour le printemps, le Lion pour l'été, le Scorpion pour l'automne et le Verseau pour l'hiver.

Ils font preuve de stabilité et savent mener à bien leurs projets. Les signes fixes font preuve d'endurance et de persévérance.

TAUREAU CŒUR DU PRINTEMPS TERRE	LION CŒUR DE L'ÉTÉ FEU	SCORPION CŒUR DE L'AUTOMNE EAU	VERSEAU CŒUR DE L'HIVER AIR

LES SIGNES MUTABLES (GÉMEAUX, VIERGE, SAGITTAIRE, POISSONS)

Ils concluent la saison. Les Gémeaux pour le printemps, la Vierge pour l'été, le Sagittaire pour l'automne et les Poissons pour l'hiver.

Ce sont des signes mobiles, entre mouvement et changement. Ils sont également adaptables, ils possèdent une nature versatile.

GÉMEAUX FINDU PRINTEMPS AIR	VIERGE FIN DE L'ÉTÉ TERRE	SAGITTAIRE FIN DE L'AUTOMNE FEU	POISSONS CŒUR DE L'HIVER EAU

PARTIE 2

LES SIGNES DU ZODIAQUE

LES SIGNES DE FEU

LE SIGNE DU BÉLIER
du 21 mars au 19 avril

SYMBOLE

le bélier

MYTHOLOGIE

Il fait référence à un bélier fantastique de la mythologie grecque, Chrysomallos à la toison d'or brûlante comme le feu.

TRAITS DE PERSONNALITÉ

Fonceur, affirmé, preneur de risque, impulsif, impatient, égoïste.

Le Bélier est impulsif et spontané (adepte du « j'agis d'abord, je réfléchis ensuite »), il fait preuve de beaucoup de franchise, et n'est pas du genre à chercher des compromis. C'est une personne enthousiaste et dynamique. Généreux envers ses proches, le Bélier est fidèle et sincère.

Il a besoin d'action dans tous les domaines. Pour lui, l'action est la clé de la réussite.

LE SIGNE DU LION
du 23 juillet au 22 aoOt

SYMBOLE

le lion

MYTHOLOGIE

Dans la mythologie grecque,
le Lion est associé au lion de Némée,
véritable force de la nature.

TRAITS DE PERSONNALITÉ

Enthousiaste, créatif, extraverti, fier, égocentrique, autoritaire.

Le Lion dispose d'une grande énergie. Le Lion est un leader-né, il n'a pas peur de s'exprimer et possède une personnalité confiante. Personne n'est aussi doué que lui pour trouver les moyens et ressources pour résoudre un problème.

LE SIGNE DU SAGITTAIRE
du 23 novembre au 21 décembre

SYMBOLE

le centaure

MYTHOLOGIE

Le centaure est une créature mi-homme, mi-cheval et le Sagittaire est représenté par Chiron dans la mythologie grecque.

TRAITS DE PERSONNALITÉ

Aventureux, libre, honnête, manque de tact, irresponsable, prend des raccourcis.

C'est une personne active qui n'a pas peur de se lancer dans de grands projets. Le Sagittaire est déterminé et cela l'aide à réussir quel que soit le domaine. Il voit le côté positif dans chaque situation. Il aime apprendre, découvrir, transmettre et partager ses connaissances.

LES SIGNES DE TERRE

LE SIGNE DU TAUREAU
du 20 avril au 20 mai

SYMBOLE

le taureau

MYTHOLOGIE

Dans la mythologie grecque,
Zeus se change en taureau blanc
pour emmener Europe
de la Phénicie à la Crète.

TRAITS DE PERSONNALITÉ

Méthodique, fiable, stable, têtu, économe, pratique.

Les personnes nées sous le signe du Taureau sont pragmatiques, elles réfléchissent avant d'agir et savent faire preuve de stabilité et de persévérance. Le Taureau est une personne fiable qui a le sens des responsabilités. C'est une personne franche et directe. Il peut aussi se montrer têtu et il sera alors difficile de le faire changer d'avis.

LE SIGNE DE LA VIERGE
du 23 aoot au 22 septembre

SYMBOLE

la Vierge

MYTHOLOGIE

Dans la mythologie grecque, Astrée, déesse de la justice, exaspérée par les hommes, monta au ciel et prit la forme de la constellation de la Vierge.

TRAITS DE PERSONNALITÉ

Méticuleux, modeste, analytique, critique, distant avec ses émotions.

La Vierge est intelligente, perfectionniste dans l'âme. Les natifs de la Vierge ont une approche pratique, logique et systématique dans la vie. La Vierge est consciencieuse et humble. Elle aime développer ses compétences et sa confiance en elle en tant que travailleur acharné.

LE SIGNE DU CAPRICORNE
du 22 décembre au 20 janvier

SYMBOLE

une chèvre,
parfois avec une queue
de poisson

MYTHOLOGIE

Le Capricorne est lié
dans la mythologie grecque
au dieu Pan, qui, voulant fuir
un monstre, prit une apparence
mi-poisson, mi-chèvre, symbole
du Capricorne.

TRAITS DE PERSONNALITÉ

Fiable, réaliste, loyal, distant, pessimiste, conservateur.

Il possède une grande capacité de travail et fait preuve de beaucoup de détermination. Il ne ménage pas ses efforts et ses sacrifices. Le signe du Capricorne est persévérant et est généralement apprécié pour sa rigueur et son efficacité.

LES SIGNES D'AIR

LE SIGNE DES GÉMEAUX
du 21 mai au 20 juin

SYMBOLE

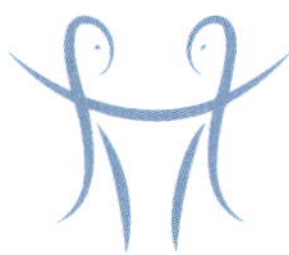

les jumeaux

MYTHOLOGIE

Ils correspondent
dans la mythologie grecque
aux jumeaux divins Castor et Pollux,
l'un mortel, l'autre immortel.

TRAITS DE PERSONNALITÉ

Curieux, intelligent, communicateur, dispersé, manque de connexion intérieure, inconstant.

Les Gémeaux sont sociables et communicatifs. Ils savent motiver les troupes et font de très bons orateurs. Ils ont généralement d'excellentes capacités intellectuelles. Ils communiquent facilement et ont de réelles aptitudes pour l'emploi des mots, que ce soit à l'oral ou à l'écrit.

LE SIGNE DE LA BALANCE
du 23 septembre au 23 octobre

SYMBOLE

la balance

MYTHOLOGIE

Il s'agit du seul signe du zodiaque dont le symbole n'est pas un être vivant. Elle est liée à la balance de la justice, et notamment à celle de Thémis dans la mythologie grecque.

TRAITS DE PERSONNALITÉ

Sociable, juste, coopératif, indécis, fuit les conflits, idéaliste.

Symbole de paix et de justice, la Balance est une excellente médiatrice, douée dans la résolution des conflits. Elle aime les environnements harmonieux et utilise souvent des mots comme « juste » ou « injuste ». Elle s'efforce constamment d'équilibrer les balances de la justice.

LE SIGNE DU VERSEAU
du 21 janvier au 18 février

SYMBOLE

le porteur d'eau

MYTHOLOGIE

Dans la mythologie grecque, il est associé à Ganymède. Zeus tomba sous le charme de ce beau jeune mortel et celui-ci fut chargé de servir le nectar des Dieux.

TRAITS DE PERSONNALITÉ

Inventif, indépendant, déterminé, distant, détaché.

Il a un côté révolutionnaire et anticonformiste, il aime le changement. Le Verseau déteste la pensée linéaire et est assez à l'aise pour sauter d'une idée à l'autre. Contrairement à ce qu'il peut penser, il n'a pas nécessairement besoin d'entamer des changements radicaux dans sa vie pour avancer, il peut composer.

LES SIGNES D'EAU

LE SIGNE DU CANCER
du 21 juin au 22 juillet

SYMBOLE

le crabe

MYTHOLOGIE

Dans la mythologie grecque, lors du combat entre Héraclès et l'hydre de Lerne, Héra envoya un crabe pour venir en aide à l'hydre. Le crabe fut écrasé, mais pour le récompenser, Héra en fit une constellation.

TRAITS DE PERSONNALITÉ

Protecteur, attentionné, émotif, soucieux, sensible.

Le Cancer accorde une grande importance à la famille et il aime prendre soin des autres. Il est particulièrement sensible à la façon dont les gens communiquent leurs sentiments et peut facilement être bouleversé lorsque de mauvais sentiments agitent ceux qu'il aime.

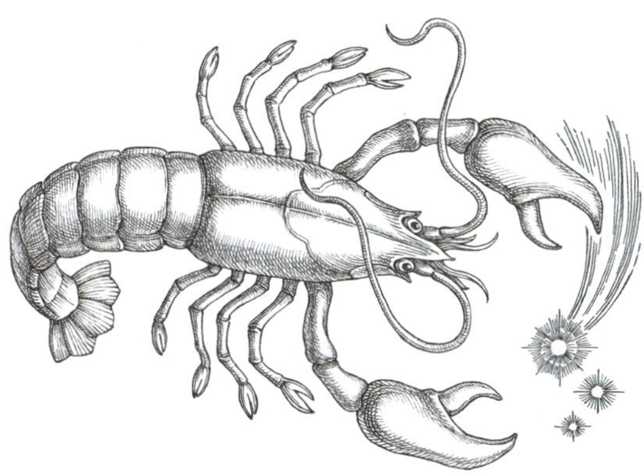

LE SIGNE DU SCORPION
du 23 octobre au 21 novembre

SYMBOLE	MYTHOLOGIE
 le scorpion	Dans la mythologie grecque, il représente le scorpion ayant tué Orion, un chasseur.

TRAITS DE PERSONNALITÉ

Secret, passionné, déterminé, méfiant, sarcastique, rancunier.

Le Scorpion est courageux, il possède une volonté tenace, une grande force de concentration. Il est vaillant et sa détermination est un atout pour réussir. Il a par ailleurs une très bonne mémoire.

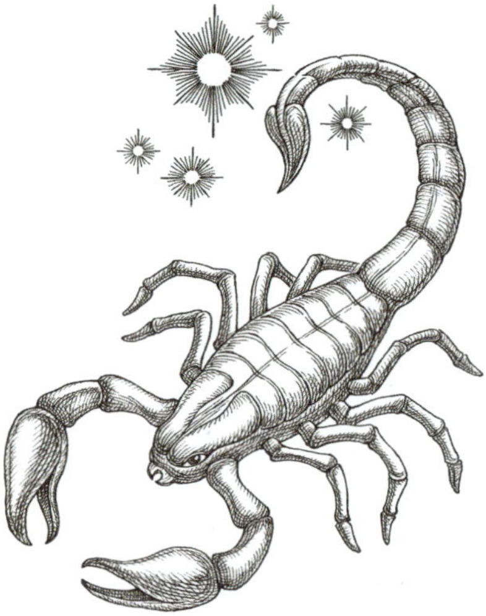

LE SIGNE DES POISSONS
du 19 février au 20 mars

SYMBOLE

deux poissons

MYTHOLOGIE

Dans la mythologie grecque,
en voulant fuir le monstre Typhon,
Aphrodite et Éros se jetèrent
dans la mer où ils furent sauvés
par deux poissons.

TRAITS DE PERSONNALITÉ

Rêveur, imaginatif, amical, inquiet, vague.

Les Poissons sont très ouverts, tolérants et à l'écoute de leurs proches, mais peuvent avoir du mal à se livrer. Les personnes nées sous le signe des Poissons possèdent une grande empathie. Profondément sensibles, elles absorbent les émotions des autres.

PARTIE 3

LES PLANÈTES ET LES MAISONS

LES PLANÈTES

LE RÔLE DES PLANÈTES DANS LE THÈME NATAL

En astrologie, les planètes symbolisent votre monde intérieur et influencent votre personnalité et votre relation au monde. Chaque planète, à votre naissance, se trouve dans un signe du zodiaque et joue un rôle spécifique dans votre thème astral, et influence divers aspects de votre vie tels que le travail, l'amour ou la famille. Elles représentent des fonctions psychologiques précises, permettant de mieux comprendre votre potentiel et vos comportements.

LES PLANÈTES SOCIALES, PERSONNELLES ET TRANSPERSONNELLES

Les planètes sociales

Planètes	Transit	Mots clés	Rôle
Jupiter 	1 an par signe.	La chance, la croissance, l'abondance et la sagesse, l'optimisme, la générosité, et l'envie d'explorer et d'apprendre.	Favorise l'exploration, la découverte de nouvelles opportunités, et l'expansion de la conscience. Souvent associée à la chance, à l'optimisme et à la générosité.
Saturne 	Environ 2,5 à 3 ans par signe.	La structure, la discipline, et les responsabilités.	Souvent appelée la planète des leçons de vie, car elle représente les limitations, les épreuves et les réalités concrètes que nous devons affronter. Saturne est associée au temps, à la maturité, à la rigueur et à la persévérance.

Les planètes personnelles (ou rapides)

Planètes	Transit	Mots clés	Rôle
Soleil 	Traverse chaque signe en environ 30 jours.	L'ego, la vitalité, l'identité fondamentale.	Incarne votre essence profonde, votre identité véritable et la manière dont vous exprimez votre personnalité. Lié à l'ego et à la conscience de soi.
Lune 	2 à 3 jours par signe.	Les émotions, l'inconscient, les instincts.	Gouverne vos émotions, vos réactions instinctives, et votre monde intérieur. Elle reflète aussi vos besoins émotionnels et la façon dont vous réagissez aux événements.
Mercure 	1 à 2 semaines par signe.	La communication, l'intellect, la pensée rationnelle.	Influence votre façon de penser, de communiquer et d'apprendre. Elle façonne votre esprit logique, votre curiosité intellectuelle, et la manière dont vous exprimez vos idées.
Vénus 	Environ 3 à 4 semaines par signe.	L'amour, l'harmonie, les valeurs esthétiques.	Régit vos relations affectives, votre façon de vivre l'amour, et vos valeurs.
Mars 	Environ 1,5 à 2 mois par signe.	L'action, l'énergie, la volonté.	Responsable de votre capacité à agir, à prendre des décisions, et à faire preuve de détermination. Elle est associée à l'énergie, à l'initiative, et à la passion.

Les planètes transpersonnelles

Planètes	Transit	Mots clés	Rôle
Uranus 	Environ 7 ans.	Rébellion, innovation, changement, individualité.	Symbolise la révolution, l'originalité et les bouleversements. Elle provoque des changements soudains, favorise la liberté individuelle et stimule la créativité non conventionnelle.
Neptune 	Environ 14 ans.	Rêve, spiritualité, illusion, intuition.	Représente le monde des rêves, la spiritualité et l'inspiration. Elle est liée à l'imagination, la compassion, mais aussi aux illusions et à la confusion. Elle influence les idéaux collectifs et la quête spirituelle.
Pluton 	Variable (entre 12 et 31 ans).	Transformation, pouvoir, régénération, destruction.	Symbolise la transformation profonde, la renaissance et le pouvoir. Elle régit les processus de mort et de renouveau, provoquant des changements radicaux et influençant les dynamiques de pouvoir, aussi bien personnel que collectif.

LES PLANÈTES EN DÉTAIL

Le Soleil

Le Soleil est la star dans votre système solaire, le maître incontesté autour duquel tournent tous les autres corps célestes. Son attraction gravitationnelle commande l'orbite de toutes les planètes de son entourage. C'est la force au centre.

LE SOLEIL À TRAVERS LES SIGNES

Le signe dans lequel se trouve le Soleil indique votre style d'expression de soi, votre identité, votre potentiel et votre force vitale.

* **Bélier :** énergique et entreprenant, vous aimez prendre des initiatives et relever des défis.
* **Taureau :** patient et stable, vous appréciez la sécurité et les plaisirs matériels.
* **Gémeaux :** curieux et communicatif, vous êtes toujours en quête de nouvelles idées et de conversations stimulantes.
* **Cancer :** protecteur et émotionnel, vous êtes profondément attaché à vos proches et à votre foyer.

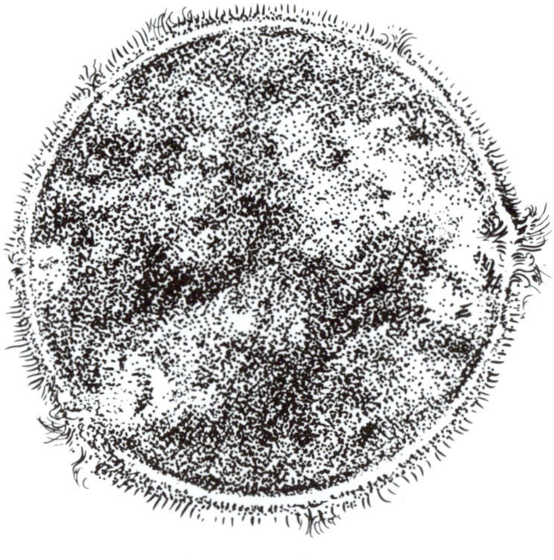

* **Lion :** charismatique et confiant, vous brillez par votre créativité et votre besoin de reconnaissance.
* **Vierge :** pratique et analytique, vous êtes orienté vers l'amélioration continue et le service des autres.
* **Balance :** diplomate et charmant, vous valorisez l'harmonie et l'équilibre dans vos relations.
* **Scorpion :** passionné et déterminé, vous êtes attiré par les mystères et la transformation profonde.
* **Sagittaire :** optimiste et aventureux, vous êtes attiré par l'exploration, les voyages et la liberté.
* **Capricorne :** ambitieux et discipliné, vous travaillez avec rigueur pour atteindre vos objectifs à long terme.
* **Verseau :** original et visionnaire, vous défendez l'individualité tout en œuvrant pour le collectif.
* **Poissons :** sensible et intuitif, vous vivez dans un monde d'émotions profondes et d'imagination.

La Lune

Avec le cycle d'orbite le plus rapide du zodiaque, 27,3 jours, la Lune est considérée comme changeante... Tout comme peuvent l'être vos émotions.

La Lune représente la partie féminine. Sa position dans le thème astral renseigne sur les émotions et la sensibilité de votre être.

LA LUNE À TRAVERS LES SIGNES

Le signe dans lequel se trouve la Lune indique ce dont vous avez besoin pour vous sentir en sécurité et vous nourrir. Il décrit la nature de votre « soi émotionnel ».

- **Bélier :** vos émotions sont intenses et spontanées, et vous réagissez de manière impulsive à ce que vous ressentez.
- **Taureau :** vous recherchez la sécurité émotionnelle et trouvez du réconfort dans la stabilité et les plaisirs sensoriels.
- **Gémeaux :** vous gérez vos émotions par la communication et avez besoin de stimulation intellectuelle pour vous sentir à l'aise.
- **Cancer :** profondément sensible et protecteur, vous êtes très attaché à vos racines et à votre foyer.
- **Lion :** vous avez un besoin émotionnel de reconnaissance et aimez vous sentir valorisé et admiré par les autres.

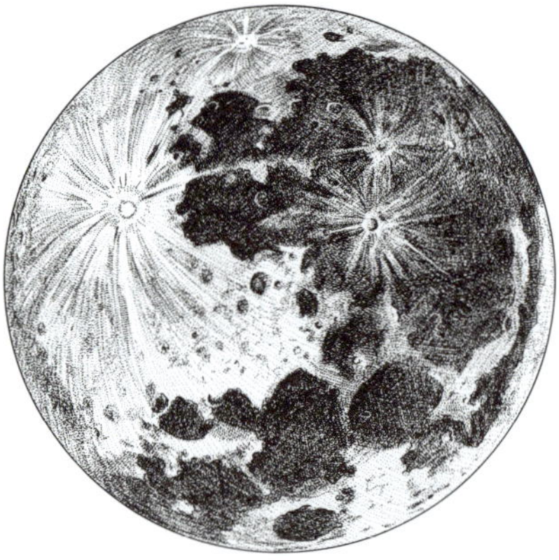

- **Vierge :** vos émotions sont souvent canalisées à travers un besoin de perfection et d'organisation, cherchant à être utile aux autres.
- **Balance :** vous avez besoin d'harmonie et d'équilibre dans vos relations pour vous sentir émotionnellement en sécurité.
- **Scorpion :** intense et passionné, vous ressentez vos émotions en profondeur, souvent de manière secrète ou complexe.
- **Sagittaire :** vous trouvez la sécurité émotionnelle dans la liberté et l'exploration, et vous faites preuve d'un optimisme naturel face aux défis.
- **Capricorne :** vos émotions sont réservées et disciplinées, et vous préférez maintenir le contrôle de vos sentiments en toute situation.
- **Verseau :** vous avez une approche détachée et rationnelle des émotions, préférant l'amitié et l'indépendance dans vos liens affectifs.
- **Poissons :** empathique et rêveur, vous êtes profondément connecté aux émotions des autres et vous trouvez refuge dans votre monde intérieur.

Mercure

Mercure incarne l'intelligence et l'expression personnelle. Il révèle vos capacités mentales, votre sens de la communication, votre curiosité, votre goût pour l'aventure, ainsi que votre aptitude à vous adapter.

Cette planète vous aide à vous identifier à vos pensées, idées et croyances. Mercure symbolise votre esprit, agissant comme votre fonction de réflexion et de raisonnement.

MERCURE À TRAVERS LES SIGNES

Le signe dans lequel se trouve Mercure indique dans quel état se trouve votre esprit et le style de communication et d'apprentissage dont vous avez besoin. Il révèle également ce qui attire votre curiosité et pique votre intérêt intellectuel.

- **Bélier :** vous communiquez de manière directe et rapide, avec un esprit vif et une préférence pour les discussions franches.
- **Taureau :** votre pensée est pratique et lente, vous appréciez les idées concrètes et la stabilité dans la communication.
- **Gémeaux :** curieux et adaptable, vous excellez dans la communication fluide, aimant échanger sur divers sujets avec légèreté.

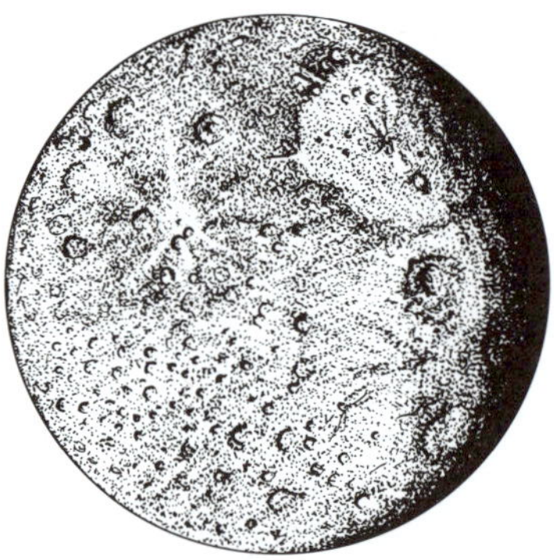

- **Cancer :** vous pensez de façon émotionnelle et intuitive, préférant les conversations profondes et liées aux sentiments.
- **Lion :** vous avez un style de communication théâtral et confiant, cherchant à captiver et impressionner votre auditoire.
- **Vierge :** analytique et précis, vous communiquez de manière méthodique et logique, avec un souci du détail.
- **Balance :** votre communication est diplomatique et équilibrée, cherchant toujours à maintenir l'harmonie et à peser toutes les perspectives.
- **Scorpion :** vous êtes perspicace et profond dans vos échanges, aimant explorer les vérités cachées et les sujets tabous.
- **Sagittaire :** vous êtes optimiste et philosophe dans votre façon de penser, cherchant à partager des idées vastes et inspirantes.
- **Capricorne :** votre pensée est structurée et pragmatique, avec une tendance à planifier et organiser vos idées de manière claire.
- **Verseau :** innovant et original, vous communiquez avec un esprit novateur, souvent attiré par des idées avant-gardistes.
- **Poissons :** votre pensée est intuitive et imaginative, souvent influencée par vos rêves, vos émotions et votre créativité.

Vénus

Vénus représente l'amour, la beauté, l'harmonie, les relations et les valeurs personnelles. Elle est souvent associée à la romance, à l'esthétique et à tout ce qui touche au plaisir sensuel.

VÉNUS À TRAVERS LES SIGNES

Le signe dans lequel se trouve Vénus indique le type de relation que vous désirez. Il révèle également ce qui vous motive à nouer des relations.

* **Bélier :** passionné et direct en amour, vous aimez les relations dynamiques et les conquêtes excitantes.
* **Taureau :** sensuel et fidèle, vous appréciez les plaisirs matériels et la stabilité dans vos relations amoureuses.
* **Gémeaux :** curieux et léger, vous aimez flirter et privilégiez les relations stimulantes sur le plan intellectuel.
* **Cancer :** tendre et protecteur, vous recherchez des relations émotionnellement sécurisantes et basées sur le soin mutuel.
* **Lion :** vous aimez être admiré et valorisé en amour, et vous avez un style affectif théâtral et généreux.

- **Vierge :** pratique et réservé en amour, vous montrez votre affection par de petites attentions et un soutien constant.
- **Balance :** charmant et diplomate, vous recherchez l'harmonie et l'équilibre dans vos relations, aimant la beauté et l'élégance.
- **Scorpion :** intense et passionné, vous vivez l'amour avec une grande profondeur et une quête de fusion émotionnelle.
- **Sagittaire :** libre et aventureux, vous recherchez l'indépendance et l'exploration dans vos relations amoureuses.
- **Capricorne :** sérieux et réservé, vous privilégiez les relations stables et sécurisées, valorisant la loyauté et l'engagement à long terme.
- **Verseau :** indépendant et non conventionnel, vous aimez les relations fondées sur l'amitié, la liberté et des idéaux partagés.
- **Poissons :** romantique et empathique, vous aimez profondément, cherchant une connexion émotionnelle et spirituelle.

Mars

Mars incarne la force, la passion et la détermination. Il influence notre façon de prendre des décisions, de surmonter les obstacles et d'affronter les défis.

MARS À TRAVERS LES SIGNES

Le signe dans lequel se trouve Mars indique l'action et l'affirmation dont vous avez besoin. Il révèle également ce qui vous motive à agir.

- **Bélier :** audacieux et impulsif, vous prenez des initiatives rapides et n'hésitez pas à agir de manière directe pour obtenir ce que vous voulez.
- **Taureau :** déterminé et patient, vous avancez lentement mais sûrement, préférant la persévérance à l'action précipitée.
- **Gémeaux :** adaptable et curieux, vous canalisez votre énergie dans la communication et les projets variés, avec un goût pour la polyvalence.
- **Cancer :** protecteur et émotionnel, vous défendez farouchement vos proches et réagissez avec intensité lorsque vous vous sentez menacé.

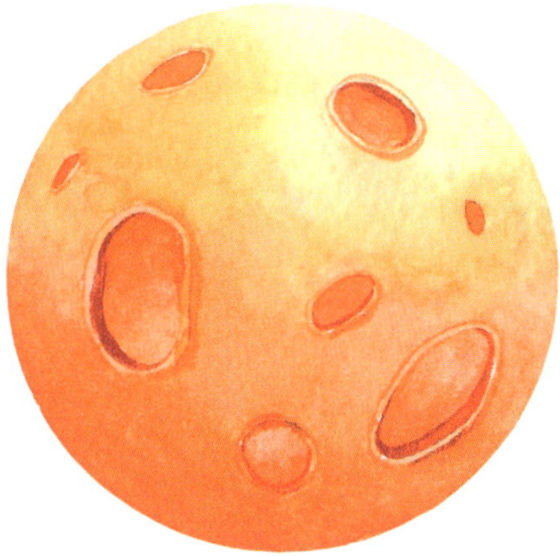

* **Lion :** confiant et charismatique, vous poursuivez vos objectifs avec passion et cherchez à briller dans vos actions.
* **Vierge :** précis et méthodique, vous travaillez avec soin et efficacité, privilégiant une approche organisée et pragmatique.
* **Balance :** diplomate et stratégique, vous évitez les conflits directs et préférez agir en collaboration ou dans un cadre harmonieux.
* **Scorpion :** intense et déterminé, vous êtes motivé par des désirs profonds et suivez vos objectifs avec une volonté de transformation.
* **Sagittaire :** enthousiaste et aventurier, vous poursuivez vos passions avec optimisme et aimez explorer de nouvelles opportunités.
* **Capricorne :** ambitieux et discipliné, vous agissez avec un sens du devoir et une stratégie à long terme pour atteindre vos objectifs.
* **Verseau :** innovant et indépendant, vous mettez votre énergie au service de causes humanitaires ou de projets non conventionnels.
* **Poissons :** imaginatif et intuitif, vous agissez avec discrétion, suivant vos inspirations et vos émotions plus que des plans directs.

Jupiter

Jupiter est la planète de l'expansion, de l'abondance, de la chance et de la sagesse. Elle est souvent associée à la croissance personnelle, à la philosophie, et à la recherche de sens dans la vie.

JUPITER À TRAVERS LES SIGNES

Le signe dans lequel se trouve Jupiter indique quel genre de chance vous possédez, comment vous cherchez à donner un sens à votre vie.

- **Bélier :** optimiste et audacieux, vous croyez au succès par l'action rapide et l'initiative personnelle.
- **Taureau :** votre chance vient de la persévérance et du sens pratique, valorisant la sécurité matérielle et le confort.
- **Gémeaux :** curieux et communicatif, vous trouvez des opportunités dans l'apprentissage, les échanges d'idées et les connexions sociales.
- **Cancer :** bienveillant et protecteur, vous faites preuve d'une grande générosité envers vos proches et prospérez dans les environnements familiaux.

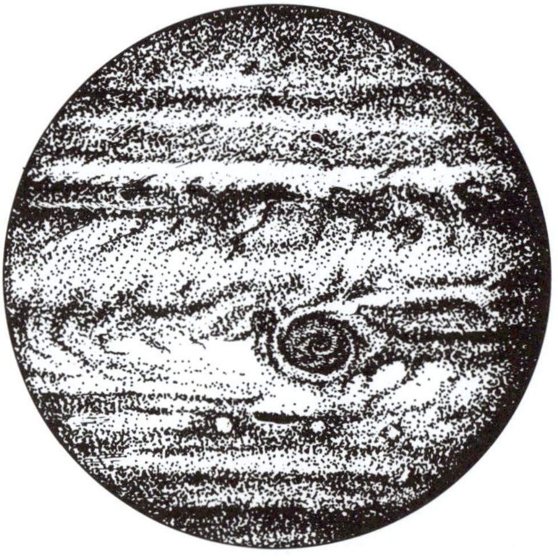

* **Lion :** confiant et charismatique, vous attirez la chance en exprimant votre créativité et en cherchant à briller sur la scène publique.
* **Vierge :** méthodique et minutieux, vous trouvez la réussite dans le service aux autres et l'attention aux détails.
* **Balance :** sociable et juste, vous trouvez des opportunités en cultivant l'harmonie, la coopération et des relations équilibrées.
* **Scorpion :** intense et profond, vous croyez en la transformation et trouvez la chance dans les moments de crise ou de changement personnel.
* **Sagittaire :** enthousiaste et aventurier, vous vous épanouissez par les voyages, la quête de la vérité et l'élargissement de vos horizons.
* **Capricorne :** ambitieux et discipliné, vous atteignez vos objectifs par le travail acharné et une approche rigoureuse.
* **Verseau :** innovant et visionnaire, vous prospérez en soutenant des causes humanitaires et des idées progressistes.
* **Poissons :** empathique et spirituel, vous trouvez la chance dans la compassion, la créativité et la connexion avec des dimensions spirituelles.

Saturne

C'est la planète « karmique » par excellence. Elle vous fait avancer et joue un rôle pour votre croissance intérieure. Saturne vous donne des informations sur les obstacles à surmonter, vos blocages et vos peurs. Elle structure et sécurise.

SATURNE À TRAVERS LES SIGNES

Le signe dans lequel se trouve Saturne indique ce sur quoi vous devez travailler longtemps et dur. Le signe peut décrire un aspect de l'aptitude professionnelle.

- **Bélier :** vous apprenez la patience et la maîtrise de votre impulsivité en assumant vos responsabilités avec courage.
- **Taureau :** votre défi est de cultiver la persévérance et la stabilité.
- **Gémeaux :** vous êtes amené à structurer vos idées et à développer une communication plus rigoureuse et disciplinée.
- **Cancer :** vos responsabilités résident dans la gestion de vos émotions et la recherche de sécurité intérieure, tout en protégeant les autres.
- **Lion :** vous apprenez à équilibrer l'ambition personnelle avec l'humilité, en assumant un leadership responsable.

* **Vierge :** votre leçon de vie concerne l'efficacité et la perfection, en évitant de sombrer dans l'autocritique ou le perfectionnisme excessifs.
* **Balance :** vous devez trouver l'équilibre entre vos responsabilités personnelles et vos relations, en cultivant la diplomatie et l'équité.
* **Scorpion :** vous êtes appelé à surmonter vos peurs profondes et à maîtriser les aspects cachés ou intenses de votre personnalité.
* **Sagittaire :** vous apprenez à structurer vos idéaux et croyances, en trouvant un équilibre entre liberté et responsabilité.
* **Capricorne :** vous incarnez la discipline et la persévérance, avec un sens aigu de la responsabilité et un besoin de réussir à long terme.
* **Verseau :** vous devez apprendre à intégrer avec votre originalité les contraintes sociales, et à assumer vos engagements envers le collectif.
* **Poissons :** votre défi est de canaliser votre sensibilité et votre compassion, en structurant votre vie spirituelle et émotionnelle.

Uranus

Uranus est la planète du changement et de la créativité. Dans un thème natal, Uranus renseigne sur l'indépendance, les facultés de changement, l'originalité et le besoin de s'exprimer. C'est votre part d'excentricité et votre authenticité.

URANUS À TRAVERS LES SIGNES

Le signe dans lequel se trouve Uranus indique le changement dont vous avez besoin.

- **Bélier :** vous apportez un esprit révolutionnaire et audacieux, prêt à initier des changements radicaux par l'action directe.
- **Taureau :** vous bouleversez les valeurs traditionnelles et introduisez des changements novateurs dans les domaines de la sécurité et des possessions matérielles.
- **Gémeaux :** votre esprit est brillant et innovant, toujours à la recherche de nouvelles idées et de moyens non conventionnels de communiquer.
- **Cancer :** vous redéfinissez les concepts familiaux et émotionnels, apportant des changements dans la vie privée et la sécurité intérieure.
- **Lion :** vous exprimez votre créativité de manière originale, cherchant à bouleverser les normes artistiques ou à attirer l'attention de façon unique.

* **Vierge :** vous introduisez des innovations dans les domaines de la santé, du travail et de la vie quotidienne, cherchant à optimiser les systèmes de manière révolutionnaire.
* **Balance :** vous apportez des idées progressistes dans les relations et les partenariats, remettant en question les normes sociales et affectives.
* **Scorpion :** vous transformez radicalement les tabous et les domaines occultes, avec une approche intense et innovante.
* **Sagittaire :** vous cherchez à explorer de nouvelles philosophies, cultures et horizons, avec une approche révolutionnaire de la vérité et de la liberté.
* **Capricorne :** vous réinventez les structures sociales et les carrières, apportant des changements radicaux dans les systèmes de pouvoir et les traditions.
* **Verseau :** vous êtes un visionnaire avant-gardiste, apportant des idées révolutionnaires et progressistes pour l'humanité et les causes collectives.
* **Poissons :** vous introduisez des changements novateurs dans les domaines spirituel et artistique, avec une vision humanitaire et inspirée du monde.

Neptune

Neptune est en lien avec votre intuition, votre spiritualité. Il renseigne sur vos aspirations. C'est votre part de rêve et d'inconscient. Il révèle votre attirance pour les choses mystiques et extrasensorielles, votre intérêt pour le surnaturel, mais aussi vos les addictions.

NEPTUNE À TRAVERS LES SIGNES

Le signe dans lequel se trouve Neptune décrit votre style mystique et votre relation avec le divin en vous.

* **Bélier :** vous cherchez à exprimer votre idéal de manière audacieuse et passionnée, souvent en suivant vos inspirations spontanées.
* **Taureau :** vous idéalisez les plaisirs matériels et la sécurité, cherchant une harmonie mystique dans la stabilité et les valeurs matérielles.
* **Gémeaux :** votre imagination est vive et versatile, vous explorez les idées et les communications avec une approche rêveuse et inventive.
* **Cancer :** vous êtes profondément connecté à votre monde intérieur et à vos racines émotionnelles, cherchant une spiritualité nourrissante et protectrice.
* **Lion :** vous exprimez vos idéaux de manière créative et théâtrale, avec une quête de réalisation personnelle et de reconnaissance.

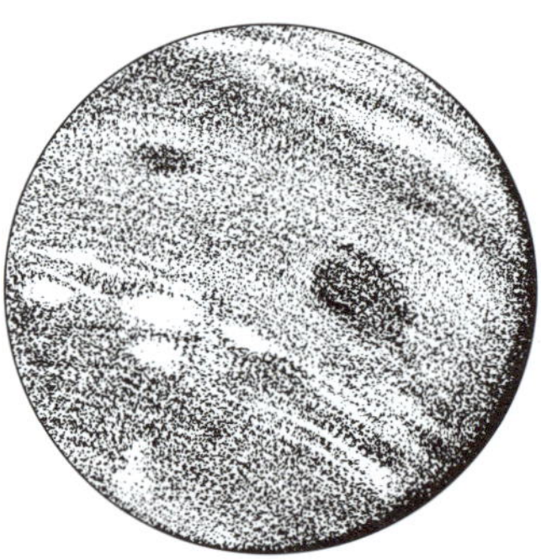

* **Vierge :** vous recherchez une spiritualité dans le service et l'organisation quotidienne, cherchant à trouver l'important dans les détails pratiques.
* **Balance :** vous aspirez à des relations idéales et harmonieuses, avec une quête de beauté et de justice dans vos interactions.
* **Scorpion :** vous explorez les mystères et les profondeurs de l'âme, cherchant une transformation spirituelle à travers les crises et les passions intenses.
* **Sagittaire :** vous poursuivez des idéaux élevés et des explorations spirituelles, cherchant à élargir vos horizons avec une vision inspirante.
* **Capricorne :** vous rêvez de structures et d'objectifs spirituels, cherchant à réaliser vos aspirations à travers la discipline et la persévérance.
* **Verseau :** vous êtes attiré par des idéaux progressistes et humanitaires, cherchant à réinventer le monde avec une vision collective et novatrice.
* **Poissons :** vous êtes profondément spirituel et empathique, avec une quête pour fusionner avec l'univers et explorer les dimensions mystiques et imaginatives.

Pluton

Pluton est la planète de la transformation, du pouvoir, de la régénération et des profondeurs psychologiques. Elle est souvent associée aux processus de destruction et de renouveau. Cette planète incarne les forces cachées qui influencent nos vies et nos comportements. Elle représente le pouvoir, la passion, les désirs profonds et la capacité de transformation à travers des crises.

PLUTON À TRAVERS LES SIGNES

Le signe dans lequel se trouve Pluton indique ce qu'il vous faut transformer.

- **Bélier :** vous transformez et réinventez votre approche de l'action et du leadership, cherchant à affirmer votre pouvoir de manière directe et courageuse.
- **Taureau :** vous traversez des transformations profondes dans vos valeurs et vos possessions, cherchant à redéfinir votre sécurité matérielle et émotionnelle.
- **Gémeaux :** vous explorez des changements radicaux dans la communication et la pensée, avec un désir de comprendre et de transformer les idées et les échanges.
- **Cancer :** vous subissez des transformations profondes dans votre vie domestique et émotionnelle, cherchant à guérir et à réinventer les structures familiales.
- **Lion :** vous réévaluez votre expression personnelle et créative, cherchant à transformer votre manière de briller et de vous affirmer.

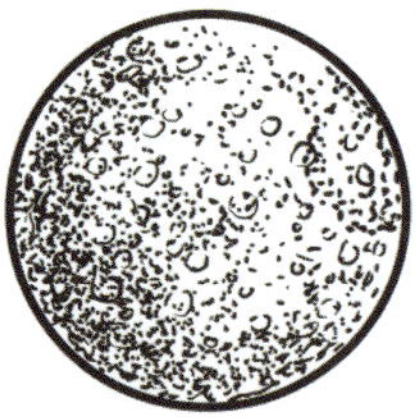

- **Vierge :** vous traversez des bouleversements dans les domaines du travail et de la santé, avec un besoin de réformer les routines et les systèmes de service.
- **Balance :** vous réinventez vos relations et vos partenariats, cherchant à transformer les dynamiques d'équilibre et de justice dans votre vie.
- **Scorpion :** vous êtes en quête de transformation et de régénération à travers des expériences intenses et profondes, avec un focus sur le pouvoir personnel.
- **Sagittaire :** vous explorez des transformations dans vos croyances et philosophies, cherchant à réinventer votre vision du monde et de la vérité.
- **Capricorne :** vous traversez des changements majeurs dans les structures sociales et professionnelles, avec un désir de réformer les systèmes de pouvoir et d'autorité.
- **Verseau :** vous êtes attiré par la transformation sociale et technologique, cherchant à réinventer les structures collectives et les idéaux progressistes.
- **Poissons :** vous explorez des transformations profondes dans les domaines spirituel et inconscient, cherchant à fusionner avec les dimensions mystiques et à guérir les illusions.

LES MAISONS

LES MAISONS : UN CADRE POUR LES PLANÈTES

En astrologie, les maisons sont des divisions du thème astral qui représentent différents domaines de la vie.

Elles fournissent un cadre dans lequel les planètes opèrent, influençant des aspects spécifiques de votre existence comme la famille, les relations, la carrière, ou les finances.

LES QUADRANTS DU THÈME ASTRAL

Les 12 maisons sont divisées en 4 quadrants dans le thème astral, chaque quadrant représentant une sphère de vie :

Premier quadrant (Maisons I, II, III)

Porte sur la conscience de soi, la manière dont vous vous présentez au monde, vos ressources personnelles, et vos pensées.

Deuxième quadrant (Maisons IV, V, VI)

Focalisé sur la famille, les enfants, la créativité et la santé. Ce quadrant touche à vos relations plus intimes et personnelles.

Troisième quadrant (Maisons VII, VIII, IX)

Porte sur vos relations extérieures, y compris le mariage, les partenariats, vos interactions avec le monde à grande échelle, ainsi que les questions de spiritualité ou de justice.

Quatrième quadrant (Maisons X, XI, XII)

Se concentre sur vos objectifs professionnels, votre engagement dans la société, et votre quête de sens à travers des expériences spirituelles ou introspectives.

LES MAISONS ANGULAIRES, SUCCÉDENTES ET CADENTES

Les maisons sont également classées en trois types en fonction de leur relation aux angles du thème :

Maisons angulaires (Maisons I, IV, VII, X)

Les maisons angulaires sont les maisons qui correspondent aux points cardinaux de la carte astrologique, là où commencent les quadrants. Elles sont les plus puissantes et marquent des tournants majeurs dans la vie. Elles sont associées à l'action et aux moments de changement.

Maisons succédentes (Maisons II, V, VIII, XI)

Ces maisons sont dites « succédentes » car elles « succèdent » aux maisons angulaires. Elles sont souvent associées à la stabilité et au développement, et peuvent influencer la manière dont une personne gère et développe ce qu'elle a acquis ou les relations qu'elle entretient. Elles sont liées à la croissance.

Maisons cadentes (Maisons III, VI, IX, XII)

Les maisons cadentes symbolisent la réflexion et la transition. Elles favorisent l'apprentissage interne, la spiritualité, et la croissance personnelle à travers les défis. Moins visibles au quotidien, elles jouent un rôle essentiel dans notre développement intérieur et la préparation aux nouveaux cycles de vie.

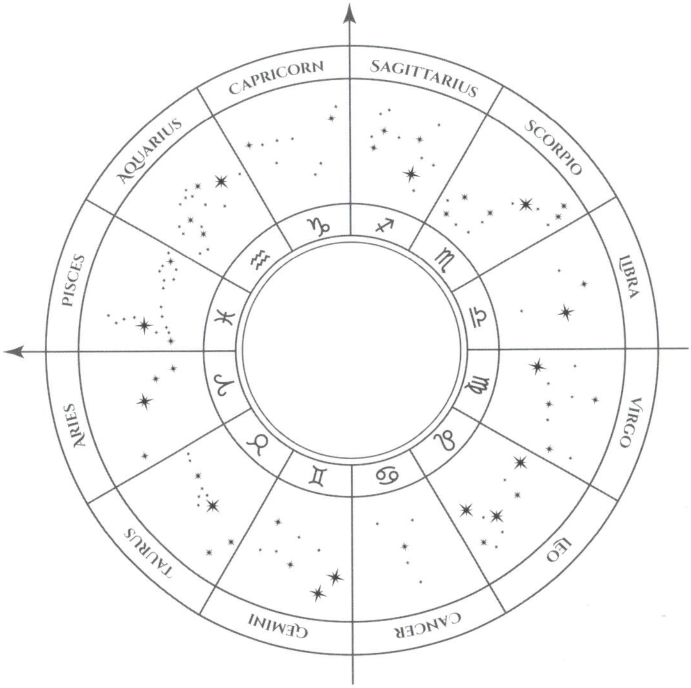

DISTINCTION ENTRE UNE MAISON EN PLANÈTE ET UNE MAISON EN SIGNE

En astrologie, la distinction entre une maison en planète et une maison en signe est importante pour comprendre comment les différentes influences se manifestent dans votre thème astral.

Le rôle des planètes dans chaque maison

Une « maison en planète » se réfère à la position d'une planète dans une maison spécifique de la carte du ciel.

Quel impact dans votre thème astral ? Lorsque vous avez une planète dans une maison, cette planète influence les domaines de vie associés à cette maison.

Les maisons dans chaque signe

Chaque maison de votre thème natal commence à un certain degré d'un signe du zodiaque. Le signe sur la cuspide (le début) d'une maison influence la manière dont les thèmes de cette maison se manifestent.

Chaque signe occupe une des 12 maisons astrologiques dans le thème astral, créant un lien entre le signe et la maison.

Les maisons représentent des domaines de la vie (comme le foyer, la carrière, les relations, etc.). Ainsi, lorsque l'on dit qu'une « maison est en signe... », cela signifie que la cuspide (le début) de cette maison est occupée par un certain signe astrologique.

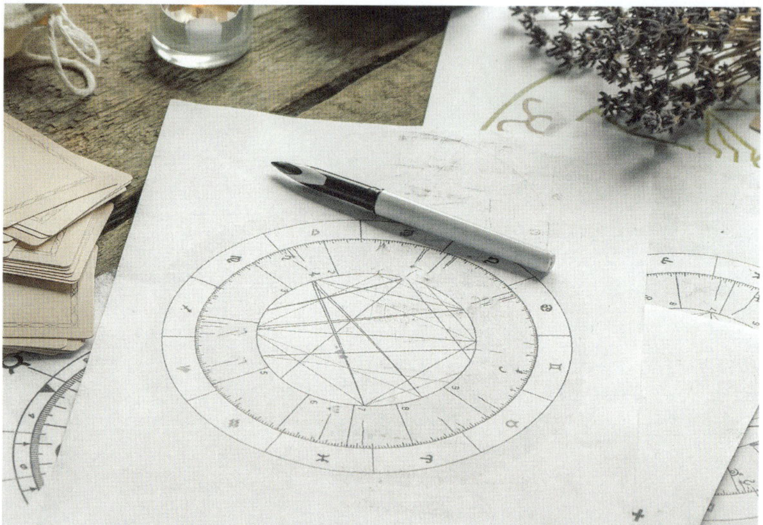

LA SIGNIFICATION DES 12 MAISONS ASTROLOGIQUES

Les 12 maisons astrologiques représentent différents domaines de la vie quotidienne, chaque maison abordant un aspect particulier de l'existence. Le positionnement des planètes dans ces maisons lors de la naissance indique où et comment les énergies planétaires influencent un individu.

La Maison I (Ascendant): l'identité et le Soi

Elle représente l'identité, la façon dont vous vous présentez au monde et la première impression que vous donnez. Elle influence l'apparence, le comportement et les interactions sociales.

Chaque signe astrologique apporte une teinte unique à cette expression :

- **Bélier :** énergique et assertif, toujours en quête d'action.
- **Taureau :** stable, sensuel, centré sur la sécurité et le confort.
- **Gémeaux :** curieux et communicatif, intéressé par les idées et les relations.
- **Cancer :** protecteur et émotif, attaché au foyer.
- **Lion :** charismatique, aime être au centre de l'attention.
- **Vierge :** pratique et analytique, axé sur le service et l'amélioration.
- **Balance :** sociable et diplomate, cherche l'harmonie.
- **Scorpion :** intense et mystérieux, avec une grande profondeur émotionnelle.
- **Sagittaire :** aventureux, recherche la liberté et l'expansion.
- **Capricorne :** ambitieux et sérieux, focalisé sur la réussite.
- **Verseau :** indépendant et original, valorise l'innovation.
- **Poissons :** sensible et intuitif, connecté aux émotions profondes.

Les planètes présentes dans la Maison I modifient encore cette expression en ajoutant des caractéristiques spécifiques :

- **Soleil :** forte identité, charisme.
- **Lune :** grande sensibilité émotionnelle.
- **Mercure :** esprit vif, axé sur la communication.
- **Vénus :** charme, esthétique, orientation vers les relations.
- **Mars :** énergie, initiative.
- **Jupiter :** optimisme, confiance en soi.
- **Saturne :** responsabilité, sérieux.
- **Uranus :** originalité, indépendance.
- **Neptune :** créativité, sensibilité spirituelle.
- **Pluton :** intensité, capacité de transformation personnelle.

La Maison II

Elle représente les finances, les possessions matérielles et les valeurs personnelles. Elle influence la manière dont une personne gère ses ressources, acquiert de la sécurité matérielle, et définit ce qui est précieux dans sa vie. La phrase clé de cette maison est « J'ai ».

Chaque signe apporte une perspective unique sur la gestion des finances et des possessions :

- **Bélier :** impulsif, cherche des opportunités financières rapides.
- **Taureau :** valorise la stabilité, le confort matériel et la beauté.
- **Gémeaux :** diversifie ses possessions, change souvent d'opinion sur la valeur des choses.
- **Cancer :** attache une importance émotionnelle à ses biens et recherche la sécurité pour protéger sa famille.
- **Lion :** dépenses flamboyantes pour le luxe et le plaisir personnel.
- **Vierge :** gère les finances avec organisation et pragmatisme.
- **Balance :** cherche l'harmonie dans ses finances, influencé par ses relations.

* **Scorpion :** approche intense et secrète des finances, focus sur les ressources partagées.
* **Sagittaire :** optimiste, dépense pour les voyages et les expériences enrichissantes.
* **Capricorne :** pragmatique, ambitieux, vise à construire une sécurité matérielle solide.
* **Verseau :** innovant, investit dans des causes sociales ou des technologies nouvelles.
* **Poissons :** parfois rêveur ou confus, peut avoir des difficultés à gérer ses finances.

Les planètes en Maison II influencent l'attitude envers l'argent et la sécurité matérielle :

* **Soleil :** l'identité est liée à la réussite financière.
* **Lune :** la sécurité émotionnelle est connectée à la gestion des finances.
* **Mercure :** réflexion et communication concernant les finances.
* **Vénus :** affinité pour le luxe et l'harmonie dans les possessions.
* **Mars :** énergie et ambition pour accumuler des ressources.
* **Jupiter :** optimisme, chance financière, gains importants.
* **Saturne :** discipline et travail acharné pour la sécurité financière.
* **Uranus :** approche innovante, changements soudains dans les finances.
* **Neptune :** vision spirituelle ou floue des possessions.
* **Pluton :** transformation intense liée aux finances et au pouvoir personnel.

La Maison III

Elle régit la communication, les échanges et les interactions avec l'environnement proche. Elle influence la pensée, la curiosité intellectuelle et la manière d'apprendre. Sa phrase clé est « Je pense ». Elle symbolise l'échange d'idées, les interactions quotidiennes et la connexion avec ceux qui vous entourent.

Chaque signe influence la façon dont une personne communique.

- **Bélier :** communication directe et énergique, affirmant ses idées.
- **Taureau :** communication réfléchie, pratique, valorisant la clarté.
- **Gémeaux :** curieux, excelle dans les échanges d'idées et l'interaction.
- **Cancer :** sensible, cherche des échanges émotionnels profonds.
- **Lion :** expressif, aime partager ses opinions de manière théâtrale.
- **Vierge :** analyse et précision dans les échanges, attentif aux détails.
- **Balance :** diplomatie et harmonie dans la communication, évitant les conflits.
- **Scorpion :** intense et introspectif, parle de sujets profonds et cachés.
- **Sagittaire :** ouvert et optimiste, partage des idées philosophiques et vastes.
- **Capricorne :** sérieux et pragmatique, formalité dans les échanges.
- **Verseau :** original et innovant, discute d'idées avant-gardistes.
- **Poissons :** intuitif et imaginatif, communique avec empathie et créativité.

Les planètes dans la Maison III modifient la manière de communiquer :

- **Soleil :** met l'accent sur l'expression personnelle et le partage des idées.
- **Lune :** les émotions influencent la communication, cherchant des liens profonds.
- **Mercure :** talent pour la communication, l'écriture et le discours.

- **Vénus :** communication charmante, valorisant l'harmonie.
- **Mars :** communication directe, parfois agressive, défense des idées.
- **Jupiter :** optimisme et ouverture d'esprit, penchant pour l'apprentissage.
- **Saturne :** communication structurée, prudence dans les échanges.
- **Uranus :** originalité et excentricité dans les idées et leur expression.
- **Neptune :** communication intuitive, spirituelle ou artistique.
- **Pluton :** profondeur et intensité, aborde des sujets transformateurs.

La Maison IV

Elle représente les racines, la famille, le foyer et la sécurité émotionnelle. Elle est liée à l'enfance, aux parents et à l'héritage familial. Elle montre comment nous nous sentons chez nous, comment nous nous connectons à notre passé, et comment nous créons un sentiment de sécurité domestique. Sa phrase clé est « Je sens ».

Chaque signe influence la manière dont une personne aborde sa vie familiale et son foyer.

- **Bélier :** dynamique, prend l'initiative dans les affaires familiales, défend son espace personnel.
- **Taureau :** attache une grande importance à la stabilité et au confort matériel, aime un foyer chaleureux et esthétique.
- **Gémeaux :** sociable et curieux, cherche des échanges intellectuels dans un foyer stimulant.
- **Cancer :** très connecté à la famille, cherche à créer un espace protecteur et nourrissant.
- **Lion :** foyer comme scène de vie, chaleureux et accueillant, aime briller au sein de la famille.
- **Vierge :** approche pratique et organisée de la vie domestique, souci du bien-être et de la santé à la maison.
- **Balance :** cherche l'harmonie et la beauté dans le foyer, valorise les relations équilibrées au sein de la famille.

- **Scorpion :** relations familiales intenses et parfois complexes, profondeur émotionnelle dans le foyer.
- **Sagittaire :** foyer axé sur la liberté et l'aventure, atmosphère ouverte d'esprit.
- **Capricorne :** responsable et sérieux, valorise les traditions familiales et cherche à établir des bases solides.
- **Verseau :** foyer non conventionnel et innovant, favorise l'indépendance et l'expression personnelle.
- **Poissons :** atmosphère créative, spirituelle et douce dans le foyer, avec un fort désir de paix.

Les planètes en Maison IV influencent la relation avec la famille et le foyer.

- **Soleil :** identité forte liée à la famille, besoin de se sentir enraciné et soutenu.
- **Lune :** attachement émotionnel au foyer, cherche un environnement nourrissant.
- **Mercure :** communication active au sein de la famille, échanges intellectuels dans le foyer.
- **Vénus :** valeur de l'harmonie et de la beauté, relations familiales aimantes.
- **Mars :** énergie et initiatives dans les affaires domestiques, tendance à améliorer l'environnement.
- **Jupiter :** optimisme et accueil dans le foyer, favorise un espace inclusif.
- **Saturne :** approche sérieuse, respect des traditions et des responsabilités familiales.
- **Uranus :** foyer original et innovant, favorise l'indépendance.
- **Neptune :** sensibilité spirituelle et artistique dans le foyer, cherche un environnement apaisant.
- **Pluton :** transformation émotionnelle et profondeur dans les relations familiales, favorise la guérison.

La Maison V

Elle symbolise la créativité, la joie de vivre, les loisirs et l'expression personnelle. Elle est associée aux plaisirs, aux romances, à la passion et à la parentalité. Cette maison touche à la manière dont on exprime sa spontanéité et recherche des expériences de plaisir. Sa phrase clé est « Je crée ».

Chaque signe influence la créativité, les loisirs et les relations amoureuses.

- **Bélier :** créativité impulsive, approche audacieuse des loisirs et relations amoureuses.
- **Taureau :** appréciation des plaisirs sensoriels, désir d'un environnement beau et confortable.
- **Gémeaux :** polyvalence dans les activités créatives, curiosité dans l'exploration des relations.
- **Cancer :** créativité liée aux émotions et à la famille, approche protectrice en amour.
- **Lion :** besoin de briller, créativité centrée sur l'expression de soi avec fierté.
- **Vierge :** créativité pratique, souci du détail et désir de perfection.
- **Balance :** créativité axée sur l'harmonie et l'esthétique, valorisation des partenariats en amour.
- **Scorpion :** intensité dans l'expression créative, relations amoureuses passionnées et profondes.
- **Sagittaire :** créativité enthousiaste, cherche des aventures romantiques et des expériences enrichissantes.
- **Capricorne :** approche disciplinée de la créativité, valorisation des plaisirs matériels.
- **Verseau :** créativité originale et non conventionnelle, relations amoureuses atypiques.
- **Poissons :** créativité intuitive et rêveuse, relations amoureuses empreintes de sensibilité.

Les planètes influencent la manière d'exprimer la créativité et de vivre des expériences de plaisir.

* **Soleil :** besoin d'exprimer son identité à travers la créativité et les loisirs.
* **Lune :** créativité influencée par les émotions, projets reflétant des sentiments profonds.
* **Mercure :** créativité intellectuelle et communication, talent pour les arts et l'écriture.
* **Vénus :** créativité centrée sur la beauté, amour et esthétique dans les loisirs et relations.
* **Mars :** passion et énergie dans l'expression créative, désir d'action et d'enthousiasme.
* **Jupiter :** optimisme et expansion, recherche d'expériences joyeuses et enrichissantes.
* **Saturne :** créativité structurée et disciplinée, importance des objectifs à long terme.
* **Uranus :** créativité originale et non conventionnelle, innovation dans les loisirs.
* **Neptune :** créativité intuitive et spirituelle, approche rêveuse des relations amoureuses.
* **Pluton :** intensité et transformation dans l'expression créative, exploration des émotions profondes.

La Maison VI

Elle est associée au travail quotidien, à la santé et aux responsabilités pratiques. Elle représente votre manière de gérer vos tâches, de prendre soin de vous-même, et de vous adapter aux routines. C'est un domaine qui met en lumière votre équilibre entre les responsabilités professionnelles et le bien-être personnel, avec un accent sur la discipline, l'organisation, et la gestion de la santé physique et mentale.

Chaque signe influence la manière de gérer le travail, la santé et les routines.

- **Bélier :** énergie et enthousiasme au travail, compétitif dans les tâches quotidiennes. Besoin d'action dans les responsabilités.
- **Taureau :** stabilité et pragmatisme, valorise le confort dans le travail. Importance de la sécurité et de la routine dans la gestion de la santé.
- **Gémeaux :** polyvalence et curiosité, aime jongler entre différentes tâches, avec une communication fluide au travail.
- **Cancer :** sensibilité et intuition dans l'environnement de travail, tendance à s'occuper des autres. Importance du bien-être émotionnel au quotidien.
- **Lion :** approche créative et dynamique, cherchant à être apprécié et reconnu pour son travail. Besoin d'exprimer sa personnalité.
- **Vierge :** organisation et souci du détail dans les responsabilités, avec une grande importance accordée à la santé et à l'hygiène.
- **Balance :** harmonie et diplomatie dans les relations professionnelles, recherche d'équilibre dans les tâches quotidiennes et la gestion de la santé.
- **Scorpion :** intensité et transformation au travail, capable de gérer les crises et les défis. Souvent intéressé par la psychologie dans le cadre professionnel.
- **Sagittaire :** besoin de liberté et d'expansion dans le travail, attiré par des emplois qui permettent d'apprendre et de voyager.
- **Capricorne :** approche disciplinée et structurée, valorisant l'effort et la réussite à long terme dans les responsabilités professionnelles.

- **Verseau :** originalité et innovation, cherchant des méthodes non conventionnelles pour accomplir les tâches quotidiennes.
- **Poissons :** sensibilité et créativité, souvent attiré par des professions qui impliquent le soin aux autres, l'art ou la spiritualité.

Les planètes influencent la gestion du travail, de la santé, et des routines.

- **Soleil :** identité fortement liée au travail, avec un besoin de se réaliser à travers les tâches quotidiennes et d'être reconnu.
- **Lune :** émotions influençant la gestion des responsabilités et de la santé, avec une tendance à prendre soin des autres.
- **Mercure :** communication fluide et intellectuelle au travail, avec un intérêt pour l'apprentissage et l'échange d'idées.
- **Vénus :** harmonie et beauté dans l'environnement de travail, cherchant des relations équilibrées et agréables avec les collègues.
- **Mars :** énergie et dynamisme, avec une approche proactive et déterminée des tâches quotidiennes.
- **Jupiter :** optimisme et croissance au travail, attiré par des emplois qui offrent des opportunités d'expansion et de développement.
- **Saturne :** discipline et responsabilité, approche sérieuse et structurée des tâches quotidiennes et de la gestion de la santé.
- **Uranus :** innovation et originalité, cherchant à introduire des idées nouvelles et à briser les conventions dans le travail.
- **Neptune :** créativité et intuition, souvent attiré par des professions liées à la spiritualité, à l'art ou aux soins aux autres.
- **Pluton :** intensité et transformation, capable de surmonter des défis et de gérer des situations difficiles au travail et dans la santé.

La Maison VII

En astrologie, elle est la maison des partenariats, des mariages et des collaborations professionnelles. Elle représente la manière dont vous interagissez avec les autres et ce que vous recherchez dans les relations importantes. Elle symbolise les engagements à long terme, les contrats, et même les rivalités. Cette maison explore la manière dont vous cherchez à vous unir à d'autres, que ce soit à travers le mariage, les partenariats d'affaires ou les alliances personnelles, mettant en lumière votre capacité à collaborer et à rechercher l'harmonie.

Chaque signe influence la manière dont une personne gère ses relations et ses partenariats.

- **Bélier :** relations dynamiques et stimulantes, avec un besoin d'indépendance. Prend souvent l'initiative dans les partenariats.
- **Taureau :** recherche de stabilité et de confort matériel dans les relations, cherchant à construire des partenariats solides et durables.
- **Gémeaux :** apprécie la communication et les échanges intellectuels dans les relations, avec une tendance à rechercher la variété.
- **Cancer :** besoin de sécurité émotionnelle, cherchant une connexion émotionnelle profonde et protectrice dans les partenariats.
- **Lion :** relations passionnées et créatives, cherchant à être admiré et reconnu dans les partenariats.
- **Vierge :** approche analytique et pragmatique, cherchant à équilibrer service mutuel et harmonie dans les relations.
- **Balance :** valorisation de l'harmonie et de l'équité dans l es relations, cherchant des partenariats équilibrés et justes.
- **Scorpion :** intensité et profondeur émotionnelle dans les relations, avec une approche passionnée et transformative des partenariats.
- **Sagittaire :** besoin de liberté et d'aventure dans les relations, cherchant des partenariats qui offrent exploration et expansion personnelle.

- **Capricorne :** recherche de responsabilité et de structure dans les relations, cherchant à construire des partenariats durables et sérieux.
- **Verseau :** originalité et indépendance dans les relations, préférant des partenariats non conventionnels et basés sur des idéaux humanistes.
- **Poissons :** sensibilité et compassion, attiré par des relations spirituelles ou émotionnellement profondes.

Les planètes influencent la dynamique et l'approche des relations.

- **Soleil :** forte identité liée aux relations, cherchant l'épanouissement personnel à travers des partenariats charismatiques.
- **Lune :** les émotions et les besoins affectifs guident les relations, avec un besoin de sécurité émotionnelle.
- **Mercure :** la communication joue un rôle clé dans les relations, avec un intérêt pour les échanges intellectuels.
- **Vénus :** l'amour et l'harmonie sont au centre des relations, cherchant la beauté et l'esthétique dans les partenariats.
- **Mars :** énergie et passion marquent les relations, avec une approche parfois compétitive ou dynamique des partenariats.
- **Jupiter :** optimisme et expansion dans les relations, cherchant des partenariats qui offrent croissance et opportunités d'apprentissage.
- **Saturne :** approche sérieuse et structurée des relations, avec une forte valorisation des engagements à long terme.
- **Uranus :** recherche d'originalité et de nouveauté dans les relations, valorisant l'indépendance et les connexions uniques.
- **Neptune :** sensibilité et idéalisme, avec une tendance à rechercher des relations spirituelles ou artistiques profondément connectées.
- **Pluton :** intensité et transformation dans les relations, abordant des thèmes émotionnels profonds et complexes dans les partenariats.

La Maison VIII

Elle est liée aux transformations profondes, aux ressources partagées, ainsi qu'aux thématiques de la mort, de la renaissance, du pouvoir, et de la sexualité. Cette maison symbolise l'intimité émotionnelle et la capacité à se régénérer par des crises personnelles et des expériences profondes.

Chaque signe influence la manière dont une personne gère les transformations, les ressources partagées et les relations intimes.

- **Bélier :** aborde les relations intimes avec passion et audace. Les changements sont impulsifs, avec une énergie dynamique.
- **Taureau :** valorise la sécurité émotionnelle, abordant les relations intimes de manière sensuelle et stable. Les transformations se font à travers la stabilité.
- **Gémeaux :** approche curieuse et communicative des relations intimes, avec un désir d'explorer et de comprendre les dynamiques relationnelles profondes.
- **Cancer :** attachement émotionnel intense, recherche de sécurité et de protection dans les relations. Les transformations sont souvent liées aux émotions et à la famille.
- **Lion :** aborde les relations intimes avec créativité et passion. Besoin de reconnaissance et d'expression personnelle à travers les transformations émotionnelles.
- **Vierge :** approche analytique et critique des relations intimes, avec une attention aux détails et un besoin de compréhension pratique des transformations.
- **Balance :** recherche l'harmonie et l'équilibre dans les relations intimes, avec une tendance à établir des partenariats fondés sur l'esthétique et l'équité.
- **Scorpion :** intensité, profondeur et transformation radicale dans les relations. Capacité à explorer les aspects cachés de la psyché et des dynamiques relationnelles.

- **Sagittaire :** cherche l'aventure et l'expansion personnelle à travers les relations intimes, attiré par des expériences de transformation qui élargissent ses horizons.
- **Capricorne :** aborde les relations intimes de manière sérieuse et responsable, avec une valorisation de l'engagement et de la stabilité à long terme.
- **Verseau :** recherche de connexions uniques et non conventionnelles dans les relations intimes, avec une approche inventive et originale des transformations.
- **Poissons :** approche intuitive et spirituelle des relations intimes, souvent liée à des thèmes de compassion, de rêve, et de connexion émotionnelle profonde.

Les planètes influencent la manière dont une personne aborde les transformations personnelles, la sexualité et les ressources partagées.

- **Soleil :** identité liée aux relations intimes et à la transformation personnelle. Forte volonté d'exprimer ses désirs profonds à travers les liens émotionnels.
- **Lune :** les émotions et les besoins affectifs influencent les relations intimes, avec une forte recherche de sécurité émotionnelle et d'intimité.
- **Mercure :** communication et curiosité dans les relations intimes, avec un intérêt pour comprendre les dynamiques cachées et complexes.
- **Vénus :** l'amour et la beauté sont au centre des relations intimes, cherchant l'harmonie et une connexion esthétique dans les liens profonds.
- **Mars :** passion et énergie dans les relations intimes, avec une approche directe, dynamique et parfois compétitive des désirs profonds.
- **Jupiter :** optimisme et expansion dans les relations intimes, cherchant des expériences qui offrent une transformation personnelle et enrichissante.

- **Saturne :** approche sérieuse, structurée et disciplinée des relations intimes, avec une valorisation de l'engagement à long terme et de la responsabilité.
- **Uranus :** originalité et innovation dans les relations intimes, avec une tendance à briser les conventions et à explorer des dynamiques non traditionnelles.
- **Neptune :** sensibilité et idéalisation des relations intimes, souvent orientées vers des thèmes spirituels ou mystiques. Recherche une connexion transcendante.
- **Pluton** : intensité et pouvoir dans les relations intimes, avec une forte capacité à se transformer à travers des crises émotionnelles et des liens profonds.

La Maison IX

Elle représente l'expansion spirituelle, intellectuelle et physique. Elle régit les voyages, l'enseignement supérieur, les croyances et la quête de vérité. C'est une maison d'exploration, d'idées et de développement personnel.

Chaque signe influence les interactions avec le monde et la quête de vérité.

- **Bélier :** aventureux, cherche des expériences stimulantes.
- **Taureau :** apprécie le confort et la stabilité lors des voyages.
- **Gémeaux :** curiosité intellectuelle, aime l'échange d'idées.
- **Cancer :** voyages émotionnels, influence familiale.
- **Lion :** passion et expression personnelle dans les découvertes.
- **Vierge :** approche pragmatique, recherche d'expériences éducatives.
- **Balance :** harmonie dans les voyages, intérêt pour les échanges culturels.
- **Scorpion :** voyages transformateurs, explorations profondes.
- **Sagittaire :** amour de l'aventure et de l'expansion personnelle.
- **Capricorne :** voyage discipliné, quête de valeurs structurées.
- **Verseau :** originalité dans l'approche des idées et des voyages.
- **Poissons :** voyages spirituels, sensibilité émotionnelle.

Les planètes influencent la manière dont une personne aborde ses voyages, sa philosophie de vie et son désir d'expansion personnelle.

- **Soleil** : identité liée à l'expansion et à la quête de vérité.
- **Lune** : émotions influencent voyages et croyances.
- **Mercure** : curiosité, communication dans l'apprentissage.
- **Vénus** : harmonie et beauté dans les découvertes.
- **Mars** : dynamisme dans les voyages et la quête de vérité.
- **Jupiter** : optimisme et croissance à travers l'exploration.
- **Saturne** : approche sérieuse, recherche de structure.
- **Uranus** : originalité, voyages non conventionnels.
- **Neptune** : intuition, quête spirituelle.
- **Pluton** : transformation profonde dans la recherche de vérité.

La Maison X

Elle représente vos ambitions professionnelles, vos objectifs et l'image que vous projetez dans le monde. Elle est liée à la réputation, au succès et à la relation avec l'autorité, notamment parentale. Cette maison la manière dont vous souhaitez être perçu et les réalisations que vous visez dans votre parcours de vie.

Chaque signe influence les interactions dans le monde du travail et la quête de reconnaissance.

- **Bélier :** approche dynamique, désir de leadership et d'initiative.
- **Taureau :** recherche de stabilité et de succès dans les arts ou la finance.
- **Gémeaux :** curiosité et communication, excelle dans le journalisme ou l'enseignement.
- **Cancer :** carrières émotionnelles dans le soin ou l'éducation.
- **Lion :** ambition forte, recherche de reconnaissance et de rôles de leadership.
- **Vierge :** approche analytique, excelle dans la santé ou la recherche.
- **Balance :** recherche d'harmonie, attiré par les arts ou la diplomatie.
- **Scorpion :** intensité et passion, souvent dans la psychologie ou la recherche.
- **Sagittaire :** aventure et expansion, attiré par l'éducation ou le voyage.
- **Capricorne :** sérieux et discipline, valorise l'autorité et le succès matériel.
- **Verseau :** originalité et innovation, souvent dans les technologies ou les causes humanitaires.
- **Poissons :** sensibilité et créativité, attiré par les arts ou le travail humanitaire.

Les planètes influencent la carrière, les choix professionnels et le statut social.

* **Soleil :** identité liée à la carrière et au besoin de reconnaissance.
* **Lune :** choix de carrière influencé par les émotions, attiré par le soin.
* **Mercure :** communication au cœur des ambitions, excelle dans l'écriture.
* **Vénus :** appréciation de la beauté, attiré par l'art ou la mode.
* **Mars :** énergie et dynamisme, recherche de leadership.
* **Jupiter :** optimisme et expansion, attiré par l'enseignement.
* **Saturne :** discipline et structure, valorise le travail à long terme.
* **Uranus :** originalité, attiré par les professions non conventionnelles.
* **Neptune :** sensibilité créative, attiré par l'art ou l'aide humanitaire.
* **Pluton :** profondeur et intensité, recherche de transformation dans la carrière.

La Maison XI

Elle est celle des amitiés, des groupes et des aspirations collectives. Elle englobe vos rêves, idéaux et engagements dans des projets communautaires. Cette maison représente les interactions sociales et l'importance des amitiés dans la quête de liberté et d'indépendance, tout en soulignant l'impact positif que vous souhaitez avoir sur la communauté.

Chaque signe influence les interactions avec les autres et l'engagement envers les idéaux collectifs.

* **Bélier :** amitiés dynamiques, attiré par des groupes d'action et de leadership.
* **Taureau :** recherche de stabilité et de loyauté, s'engage dans des activités liées à la beauté.
* **Gémeaux :** sociabilité et curiosité, tend à avoir un large cercle d'amis.
* **Cancer :** amitiés émotionnelles, recherche de soutien dans les groupes.

* **Lion :** désir d'être au centre, attiré par des groupes créatifs.
* **Vierge :** relations analytiques, cherche des amitiés basées sur des objectifs communs.
* **Balance :** recherche d'harmonie, attiré par des groupes artistiques ou diplomatiques.
* **Scorpion :** amitiés intenses, se lie à des groupes partageant des passions communes.
* **Sagittaire :** désir d'aventure, attiré par des groupes exploratoires et éducatifs.
* **Capricorne :** amitiés sérieuses, privilégie des relations basées sur la réussite collective.
* **Verseau :** originalité dans les relations, attiré par des groupes progressistes.
* **Poissons :** sensibilité et empathie, attiré par des causes altruistes et spirituelles.

Les planètes influencent la manière dont une personne aborde ses amitiés, ses aspirations et son rôle au sein de la communauté.

* **Soleil :** identité liée aux amitiés, désir d'inspirer les autres.
* **Lune :** relations influencées par les émotions, recherche de soutien.
* **Mercure :** communication au cœur des interactions, établit des liens intellectuels.
* **Vénus :** appréciation de l'harmonie, attiré par des groupes artistiques.
* **Mars :** énergie dans les relations, engagé dans des causes qui comptent.
* **Jupiter :** optimisme et croissance, recherche de groupes favorisant l'expansion.
* **Saturne :** approche sérieuse, privilégie les amitiés loyales et engagées.
* **Uranus :** originalité, attiré par des groupes avant-gardistes.

- **Neptune :** sensibilité, recherche de groupes spirituels ou humanitaires.
- **Pluton :** profondeur dans les relations, impliqué dans des groupes de transformation.

La Maison XII

Elle est associée aux dimensions cachées de la psyché, aux secrets et aux épreuves de la vie. Elle régit la spiritualité, l'introspection, la solitude et la guérison spirituelle. Cette maison représente le monde inconscient, les rêves et les expériences intérieures, et aborde les défis et la gestion des peurs. En somme, la Maison XII est un espace d'exploration intérieure et de transformation spirituelle, révélant les dynamiques invisibles qui influencent notre existence.

Chaque signe influence les expériences intérieures, les rêves et la connexion spirituelle.

- **Bélier :** affronte les peurs avec courage, explorant l'inconscient de manière directe.
- **Taureau :** recherche de confort dans le spirituel, souvent connecté à la nature.
- **Gémeaux :** curiosité intellectuelle pour les mystères, analyse les rêves sans se concentrer sur les émotions profondes.
- **Cancer :** sensibilité envers l'inconscient, cherchant à guérir des blessures émotionnelles.
- **Lion :** expression créative à travers des expériences spirituelles, quête d'identité.
- **Vierge :** analyse pragmatique des expériences intérieures, cherchant à rationaliser les émotions.
- **Balance :** recherche d'harmonie dans l'inconscient, exploration des relations passées.
- **Scorpion :** profondeur dans l'exploration, abordant la transformation et le pouvoir.
- **Sagittaire :** ouverture d'esprit envers les dimensions spirituelles, recherche de sens.

- **Capricorne :** approche disciplinée des questions intérieures, recherche de structures.
- **Verseau :** originalité dans l'exploration spirituelle, attiré par des philosophies non conventionnelles.
- **Poissons :** connexion profonde avec les mondes spirituels, attiré par l'art et la musique.

Les planètes influencent les peurs, les limites et le monde intérieur.

- **Soleil :** identité influencée par les aspects cachés, recherche de compréhension de soi.
- **Lune :** émotions liées à l'inconscient, exploration des rêves et besoin de guérison.
- **Mercure :** curiosité intellectuelle pour les mystères, analyse des pensées et des rêves.
- **Vénus :** sensibilité esthétique, recherche de beauté dans les expériences spirituelles.
- **Mars :** énergie dynamique, affronte les peurs avec détermination.
- **Jupiter :** optimisme et croissance spirituelle, exploration de philosophies profondes.
- **Saturne :** approche rigoureuse des limites et des responsabilités inconscientes.
- **Uranus :** originalité dans l'exploration, libération des conventions.
- **Neptune :** profondeur spirituelle, attiré par l'art et les dimensions mystiques.
- **Pluton :** intensité et transformation, affrontant les ombres intérieures.

Natal Chart (Method: Web Style / Placidus)
Sun sign: Aries
Ascendant: Taurus
Time: 8:12 a.m.
Univ.Time: 6:12
Time: 7:10 a.m.
6:10
Sid. Time: 19:22:45
AC
IC

PARTIE 4

CRÉER ET DÉCRYPTER SON THÈME ASTRAL

COMPRENDRE SON THÈME ASTRAL

QU'EST-CE QU'UN THÈME ASTRAL ?

Le thème astral correspond à une carte du ciel au moment de votre naissance, qui représente la position des planètes et des signes du zodiaque à cet instant. Il est calculé en fonction de votre date, heure et lieu de naissance et fournit une analyse précise de la position des astres à cet instant. Chaque thème de naissance est unique.

Pour un thème astral précis, connaître votre heure exacte de naissance est essentiel. De nombreux outils en ligne gratuits vous permettent de générer cette carte.

Si vous ignorez votre heure de naissance, vous pouvez la régler sur 12 h, bien que cela affecte la précision des maisons astrologiques. Malgré cela, cette méthode peut toujours fournir un aperçu utile des énergies qui influencent votre vie.

LES LOGICIELS ET OUTILS POUR GÉNÉRER UN THÈME ASTRAL

Afin de générer votre thème astral, voici plusieurs outils en ligne gratuits :

- Astrothème
- Astro.com
- Astroquick
- Astroseek

COMMENT LIRE UN THÈME : LA CARTE ASTROLOGIQUE

Lire un thème astral, c'est analyser la disposition des planètes dans les signes du zodiaque et les maisons astrologiques au moment précis de votre naissance. Chaque carte est unique et offre un aperçu complet de votre personnalité, vos forces, vos défis, ainsi que des moments clés de votre vie.

Ici, nous allons vous présenter un plan de route simplifié pour lire une carte astrologique et comprendre sa structure :

- cercle extérieur ;
- cercle intérieur ;
- les planètes ;
- les angles.

Visuellement, un thème astral est une roue à 360 degrés divisée en 12 sections représentant les maisons astrologiques, avec les signes du zodiaque qui entourent ce cercle. Les planètes sont disposées à l'intérieur du cercle, indiquant leurs positions exactes au moment de votre naissance.

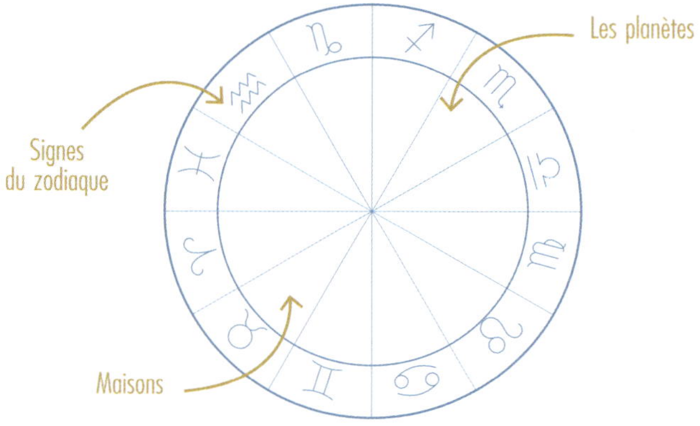

LE CERCLE EXTÉRIEUR

Le cercle extérieur correspond aux 12 signes du zodiaque. Ils entourent la carte et influencent les maisons et les planètes. Chaque signe possède une énergie particulière :

- **Bélier :** énergie, initiative ;
- **Taureau :** stabilité, sensualité ;
- **Gémeaux :** communication, curiosité ;
- **Cancer :** émotions, famille ;
- **Lion :** confiance, créativité ;
- **Vierge :** analyse, perfectionnisme ;
- **Balance :** relations, harmonie ;
- **Scorpion :** transformation, intensité ;
- **Sagittaire :** aventure, optimisme ;
- **Capricorne :** ambition, discipline ;
- **Verseau :** innovation, indépendance ;
- **Poissons :** imagination, sensibilité.

LE CERCLE INTÉRIEUR

Le cercle intérieur est divisé en 12 maisons qui représentent différents domaines de votre vie (famille, relations, carrière, etc.). Chaque maison de la roue correspond à un aspect particulier de votre vie.

- **Maison II :** l'Ascendant – votre apparence et la première impression que vous donnez aux autres.
- **Maison II :** les possessions matérielles et les finances.
- **Maison III :** la communication, les relations avec l'entourage proche.
- **Maison IV :** la famille, le foyer, les racines.
- **Maison V :** la créativité, les plaisirs, les enfants.
- **Maison VI :** le travail quotidien et la santé.

- **Maison VII :** les partenariats et le mariage.
- **Maison VIII :** les transformations profondes, la sexualité, les ressources partagées.
- **Maison IX :** l'éducation, les croyances, les voyages.
- **Maison X :** la carrière, l'ambition.
- **Maison XI :** les amitiés, les projets collectifs.
- **Maison XII :** le subconscient, les épreuves, la spiritualité.

LES PLANÈTES

Les planètes sont représentées par des symboles, elles sont positionnées dans un signe et une maison. Chaque planète dans une carte astrologique représente une partie de votre personnalité ou un domaine de votre vie.

- **Soleil :** votre identité, votre ego.
- **Lune :** vos émotions, votre monde intérieur.
- **Mercure :** la communication, la pensée.
- **Vénus :** l'amour, l'esthétique, les plaisirs.
- **Mars :** l'énergie, l'action, la passion.
- **Jupiter :** la croissance, l'expansion, la chance.
- **Saturne :** la discipline, la structure, les responsabilités.
- **Uranus :** l'innovation, les changements brutaux.
- **Neptune :** l'intuition, l'imagination, les rêves.
- **Pluton :** la transformation, les pouvoirs cachés.

LES MAISONS ANGULAIRES

Les maisons angulaires sont les quatre maisons principales du thème astral qui jouent un rôle fondamental dans la définition de la structure et de l'équilibre de la vie d'une personne : la personnalité (Maison I), le foyer et la famille (Maison IV), les relations (Maison VII), et la carrière et les ambitions (Maison X).

Elles fournissent une base solide pour l'interprétation du thème, en mettant en lumière les domaines de vie qui sont particulièrement influencés par les aspects planétaires.

Maison I ou Ascendant

La Maison I, ou Ascendant, commence avec le signe qui se lève à l'est au moment de la naissance et représente la première impression que l'on donne au monde.

Maison VII ou Descendant

Le Descendant, opposé à l'Ascendant, marque le début de la Maison VII, dédiée aux relations et aux partenariats. Il reflète les attentes que l'on a envers les autres, le type de partenaire recherché, ainsi que la manière de se connecter aux autres.

Maison IV ou Fond du ciel

Le Fond du ciel, situé au point le plus bas du thème astral, marque le début de la Maison IV et symbolise vos racines profondes et votre besoin de sécurité. Il reflète les liens avec votre passé, votre enfance et vos origines familiales, représentant l'espace où vous trouvez réconfort et stabilité émotionnelle.

Maison X ou Milieu du ciel

Le Milieu du ciel, situé au point le plus haut dans le ciel lors de la naissance, marque la Maison X et symbolise le sommet des aspirations et du potentiel à développer. Il reflète les ambitions, les objectifs à atteindre dans la vie publique et professionnelle, ainsi que les succès espérés.

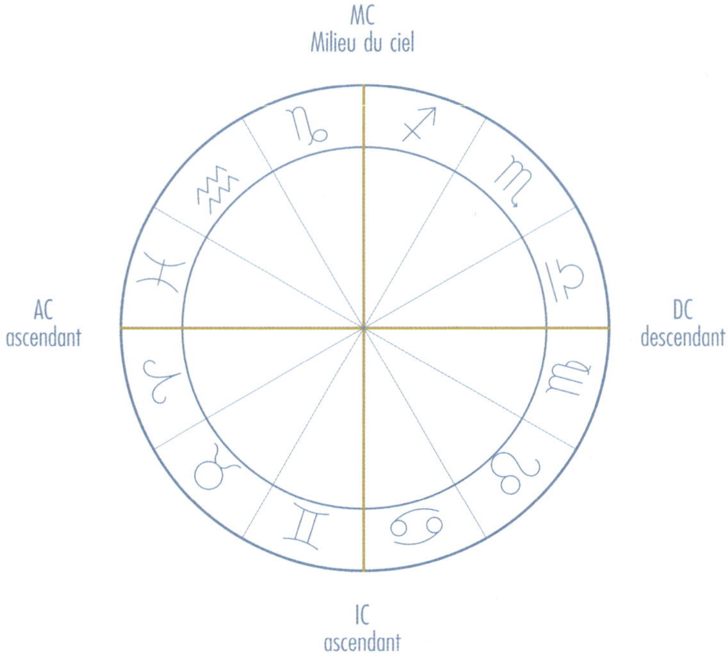

LES ASPECTS PLANÉTAIRES

Les aspects sont les angles que forment les planètes entre elles dans un thème astral. Ils montrent comment les différentes énergies planétaires interagissent et influencent la vie d'une personne.

Aspect	Degrés	Symbole	Description
Conjonction	0°	☌	Les planètes travaillent ensemble, fusionnant leurs énergies.
Sextile	60°	⚹	Aspect d'opportunités, créant un potentiel de développement.
Trigone	120°	△	Aspect harmonieux, facilitant la coopération entre les planètes.
Carré	90°	□	Un aspect de tension, créant des défis entre les planètes.
Opposition	180°	☍	Une relation de polarité, nécessitant un équilibre.

IDENTIFIER LES ÉLÉMENTS CLÉS DE VOTRE THÈME

LES HÉMISPHÈRES

La répartition des planètes dans le thème astral peut influencer votre personnalité. Voici une vue d'ensemble des éléments clés associés à chaque hémisphère :

Hémisphère nord: (maisons I à VI)

Si la majorité de vos planètes se trouvent dans cette partie du ciel, vous êtes généralement introspectif et préférez résoudre les problèmes par vous-même. Vous vous sentez souvent plus à l'aise en travaillant en privé ou à l'abri des regards.

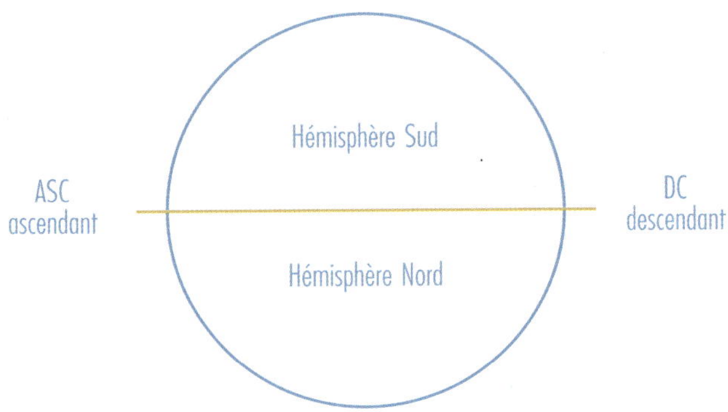

Hémisphère sud: (maisons VII à XII)

Si la majorité de vos planètes se situent dans l'hémisphère sud, vous êtes extraverti et vous aimez interagir avec les autres pour obtenir conseils et solutions. Vous vous sentez souvent attiré par des rôles de leadership et d'influence.

Hémisphère est : (maisons X à III)

Avec la majorité des planètes dans cet hémisphère, vous êtes centré sur vos propres besoins et objectifs. Vous êtes généralement motivé, autonome et axé sur la réalisation de vos ambitions personnelles.

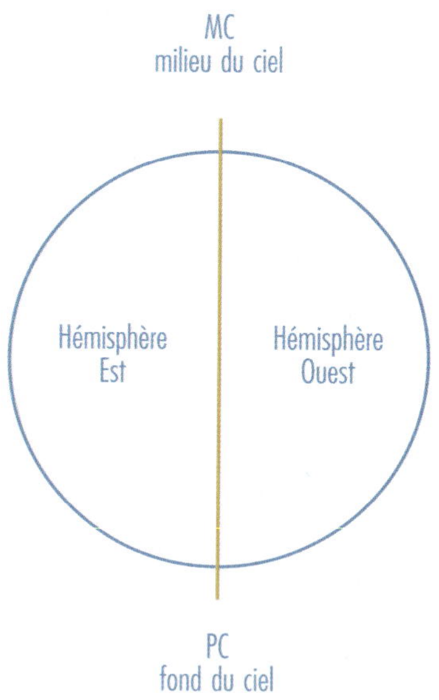

Hémisphère ouest : (maisons IV à IX)

Si vos planètes sont principalement dans cet hémisphère, vous êtes attentif aux besoins et aux désirs des autres. Vous vous adaptez facilement aux attentes des personnes autour de vous et privilégiez les relations et les interactions sociales.

LES QUADRANTS

Le thème peut également être divisé en quatre quadrants : le premier quadrant (maisons I, II et III), le deuxième quadrant (maisons IV, V et VI), le troisième quadrant (maisons VII, VIII et IX), et le quatrième quadrant (maisons X, XI et XII).

Premier quadrant

Si la majorité de vos planètes se trouvent dans ce quadrant, vous êtes indépendant, orienté vers l'action, et vous vous concentrez principalement sur vos besoins et objectifs personnels. Les planètes dans ce quadrant mettent en avant l'initiative et la réalisation personnelle.

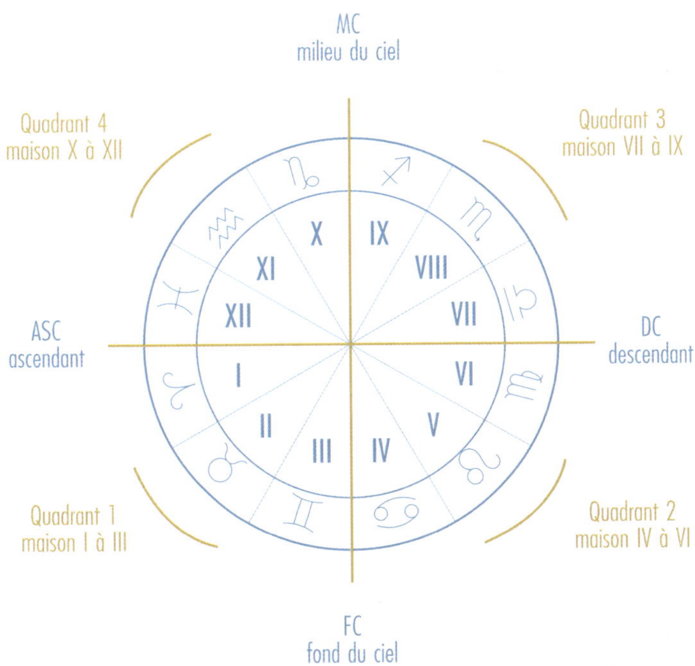

Deuxième quadrant

Avec la majorité des planètes dans ce quadrant, vous êtes autonome tout en restant réceptif aux autres. Vous savez équilibrer vos propres aspirations avec une ouverture aux besoins des personnes qui vous entourent. Ce quadrant favorise une approche harmonieuse et équilibrée.

Troisième quadrant

Si vos planètes se trouvent principalement dans ce quadrant, les relations interpersonnelles sont au cœur de votre expérience. Vous êtes sociable et trouvez de la satisfaction dans vos interactions et collaborations avec les autres. L'accent est mis sur le côté social et relationnel.

Quatrième quadrant

Avec la majorité des planètes dans ce quadrant, vous êtes motivé, ambitieux, et appréciez le travail d'équipe. Vous vous dirigez vers des objectifs collectifs et collaboratifs, avec une tendance à valoriser les contributions des autres et le succès commun.

LA TRINITÉ ASTRALE

La trinité astrale se réfère aux trois éléments fondamentaux d'un thème astral : le Soleil, la Lune, et l'Ascendant. Ces trois points forment la base de votre personnalité en astrologie.

En identifiant leur position dans votre thème natal, vous pouvez mieux comprendre comment vous vous exprimez, ce qui vous motive émotionnellement, et comment vous êtes perçu par les autres.

Le Soleil

Le Soleil symbolise votre identité centrale, votre ego, et votre but de vie. Il représente ce que vous cherchez à accomplir, vos aspirations conscientes, et la manière dont vous voulez briller.

Le Soleil montre vos ambitions conscientes et votre but de vie.

La Lune

La Lune représente votre monde émotionnel, vos réactions instinctives, et vos besoins inconscients. Elle éclaire la manière dont vous ressentez, réagissez et cherchez à nourrir votre vie émotionnelle.

L'Ascendant

Il décrit votre apparence extérieure, la première impression que vous donnez aux autres, et votre approche générale de la vie.

ANALYSER SON THÈME ASTRAL

LES COMPOSANTES D'UN THÈME

Décrypter un thème astrologique consiste à examiner les différentes composantes d'un thème natal, en tenant compte des planètes, des maisons et des aspects. Cela permet de mieux comprendre les potentiels, les défis et les influences dans la vie d'une personne. Voici un guide pour analyser un thème astrologique selon différents thèmes de vie :

* personnalité générale ;
* relations et vie amoureuse ;
* famille et foyer ;
* carrière et ambitions ;
* santé et bien-être ;
* croissance personnelle et spiritualité ;
* finances et sécurité matérielle.

LA MÉTHODE D'INTERPRÉTATION

Combiner les influences

Pour une analyse approfondie, on combine les planètes, les maisons et les aspects. Par exemple, un Soleil en Maison VII peut indiquer une identité tournée vers les relations, tandis que des aspects difficiles entre Mars et Saturne peuvent indiquer des conflits ou des défis en matière d'expression personnelle.

Chercher les thèmes récurrents

Il est important de repérer les thèmes ou motifs qui reviennent dans plusieurs zones du thème. Par exemple, si Vénus et la Lune sont toutes deux en aspect difficile à Saturne, cela peut indiquer des défis émotionnels et relationnels récurrents.

LA PERSONNALITÉ GÉNÉRALE

Planètes clés: Le Soleil, la Lune

SOLEIL

Regardez le signe et la maison du Soleil pour comprendre la personnalité fondamentale. Le Soleil indique l'ego, l'identité, et comment la personne exprime sa véritable nature.

LUNE

Analysez la position de la Lune pour voir comment les émotions et les besoins subconscients affectent la personnalité. La Lune révèle les réactions émotionnelles et les besoins de sécurité.

Maison liée à la personnalité générale

MAISON I – l'Ascendant

Le signe en Maison I influence la façon dont on exprime son individualité. Les planètes présentes en Maison I affectent directement la personnalité. Le signe de l'Ascendant montre la manière dont la personne se présente aux autres et les premières impressions qu'elle donne.

Aspects

Les aspects formés par le Soleil et la Lune avec d'autres planètes indiquent des dynamiques internes (harmonie ou tension).

Les aspects du **Soleil** influencent l'ego et l'identité.

Les aspects de la **Lune** révèlent la gestion des émotions.

RELATIONS ET VIE AMOUREUSE

Planètes clés : Vénus, Mars, Lune

VÉNUS

Examinez le signe et la maison de Vénus pour comprendre les préférences en matière de relations et d'amour. Vénus révèle ce que la personne apprécie dans les relations et comment elle exprime son affection.

MARS

Décrit la manière dont une personne poursuit ce qu'elle veut, et la dynamique entre l'attirance et le désir.

LUNE

Bien que la Lune soit plus liée aux émotions et aux besoins intérieurs, elle joue un rôle important dans les relations en représentant la manière dont on se sent en sécurité émotionnellement. Elle décrit les besoins affectifs dans les relations intimes et la manière dont on réagit dans les moments de vulnérabilité.

Maisons astrologiques liées aux relations

MAISON V

Elle décrit la manière dont une personne exprime sa créativité et son amour dans des relations plus légères ou passionnées, avant qu'elles ne deviennent sérieuses.

MAISON VII

Elle indique comment on se comporte dans des relations sérieuses et ce qu'on attend de ses partenaires. Le signe et les planètes dans cette maison montrent ce que l'on recherche chez un partenaire, ainsi que la manière dont on aborde le mariage ou les engagements à long terme.

Aspects

Les aspects entre Vénus et Mars révèlent la dynamique entre amour et désir. Un aspect harmonieux (sextile ou trigone) équilibre attraction et passion, tandis qu'un aspect difficile (carré ou opposition) crée des tensions entre émotions et désirs.

FAMILLE ET FOYER

Planètes clés: Lune, Saturne, Jupiter, Mars

LUNE

La position de la Lune dans le thème natal indique comment une personne exprime son affection, ses émotions et sa connexion avec ses racines.

SATURNE

Dans le contexte de la famille et du foyer, il représente les obligations familiales et les dynamiques. Un aspect favorable peut indiquer une famille soudée et une approche responsable des relations familiales, tandis qu'un aspect difficile peut signaler des tensions ou des responsabilités écrasantes au sein du foyer.

JUPITER

Jupiter dans le contexte de la famille et du foyer apporte des énergies d'expansion, d'optimisme, de générosité et d'ouverture d'esprit. Cela favorise des relations familiales enrichissantes, un environnement chaleureux et accueillant, et une forte valeur accordée à l'éducation et à la culture.

MARS

Mars dans le contexte de la famille et du foyer apporte une énergie d'action, de passion, et parfois de conflit. Bien qu'il puisse contribuer à une dynamique familiale active et engagée, il peut également engendrer des tensions. En canalisant cette énergie de manière constructive, les individus peuvent renforcer les liens familiaux et créer un environnement où chacun se sent à l'aise pour s'affirmer et agir.

Maisons astrologiques liées à la famille et au foyer

MAISON IV

Elle indique la façon dont une personne se connecte à ses origines et à son foyer. Les planètes présentes dans la Maison IV peuvent révéler des détails sur la dynamique familiale.

MAISON II

Bien qu'elle soit principalement liée aux possessions matérielles, la Maison II peut également indiquer comment une personne valorise sa famille et le foyer. Les influences ici peuvent montrer comment les ressources matérielles sont gérées pour le bien-être familial.

Aspects

Les aspects entre la Lune et d'autres planètes fournissent des indices sur la dynamique familiale.

Les aspects de Mars avec la Lune ou Saturne peuvent influencer la manière dont les conflits familiaux sont abordés.

CARRIÈRE ET AMBITIONS

Planètes clés: Saturne, Jupiter et le Soleil

SATURNE

Sa position dans le thème astral indique où l'individu doit faire preuve de discipline pour réussir professionnellement.

JUPITER

Sa position indique où l'individu peut rencontrer la chance et se développer dans sa carrière.

SOLEIL

Sa position indique ce qui donne un sens à la carrière d'une personne.

Maisons astrologiques liées à la carrière et aux ambitions

MAISON X

Cette maison est directement liée à la carrière, à la réputation publique et aux objectifs à long terme. Les planètes situées près du Milieu du ciel influencent directement la carrière et la manière dont vous exprimez vos ambitions.

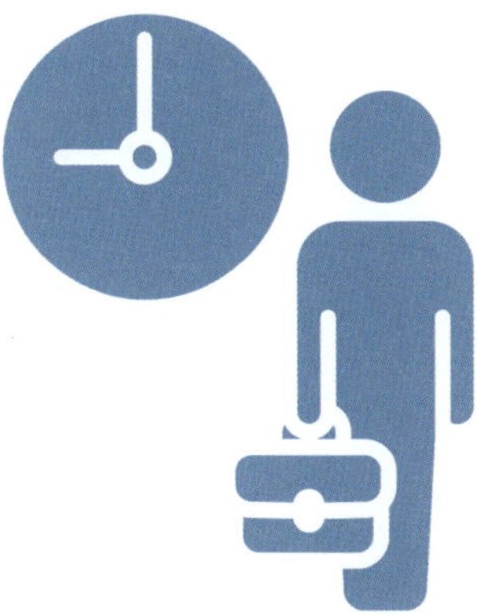

MAISON VI

En plus de sa relation avec la santé, la Maison VI indique également le travail quotidien et les responsabilités professionnelles. Les planètes en Maison VI influencent l'éthique de travail et les relations avec les collègues.

Aspects

Les aspects entre Saturne et Jupiter révèlent l'équilibre entre expansion (Jupiter) et discipline (Saturne).Un aspect harmonieux (trigone, sextile) facilite la construction d'une carrière stable avec des opportunités de croissance. Un aspect difficile (carré, opposition) peut créer des tensions entre ambitions et contraintes, limitant l'expansion. Les aspects entre Saturne et les planètes personnelles influencent la gestion de la pression et des responsabilités. Un aspect harmonieux avec Mars indique endurance et travail acharné, tandis qu'un aspect difficile avec Vénus ou la Lune peut causer des conflits entre carrière et besoins émotionnels.

Les aspects entre Jupiter et les planètes personnelles montrent la chance et l'optimisme dans la carrière. Un trigone avec le Soleil apporte confiance et succès, tandis qu'un carré avec Vénus peut signaler des attentes démesurées dans les relations professionnelles.

SANTÉ ET BIEN-ÊTRE

Planètes clés: Mars, Vénus, Saturne, Lune

MARS

Montre comment une personne gère son énergie et son dynamisme au quotidien. Influence la façon dont la personne se sent physiquement active.

VÉNUS

Vénus influence la manière dont on prend soin de son corps, notamment à travers la nourriture, le sport, et la relaxation. Indique l'harmonie et l'équilibre du corps. Montre comment la personne prend soin d'elle-même.

SATURNE

Représente la discipline et les restrictions, souvent en rapport avec la santé à long terme.

LUNE

Influence le bien-être émotionnel et comment les émotions affectent la santé physique.

Maisons astrologiques liées à la santé et au bien-être

MAISON VI

Les planètes situées dans cette maison et leurs aspects révèlent la manière dont une personne prend soin de sa santé au quotidien, ses routines de travail et de vie, ainsi que sa gestion du stress.

MAISON XII

Cette maison peut révéler des faiblesses sous-jacentes ou des défis de santé qui ne sont pas toujours apparents. Des planètes difficiles dans cette maison peuvent indiquer des luttes internes qui peuvent se manifester par des problèmes de santé physique ou mentale.

Aspects

Les aspects entre Mars, Saturne et les planètes personnelles montrent comment l'énergie physique et la santé générale sont affectées.

Les aspects entre Vénus et d'autres planètes peuvent indiquer comment la personne équilibre le bien-être physique et émotionnel.

DÉVELOPPEMENT PERSONNEL ET SPIRITUALITÉ

Planètes clés: Jupiter, Saturne, Neptune, Uranus

JUPITER

En matière de spiritualité, elle représente la quête de sens et la recherche de vérité. Elle indique où et comment une personne peut grandir sur le plan spirituel, souvent à travers des études, des voyages ou des expériences qui élargissent l'esprit.

SATURNE

Elle indique où l'individu doit faire preuve de patience et de persévérance pour atteindre ses objectifs. Une forte influence de Saturne peut signaler des défis à surmonter, mais également une capacité à apprendre des leçons importantes qui favorisent la maturité.

NEPTUNE

Sa position révèle les domaines où l'individu peut ressentir un appel spirituel ou une connexion avec quelque chose de plus grand. Une forte présence de Neptune dans le thème astral peut indiquer une sensibilité accrue aux émotions des autres et une capacité à rêver grand, mais aussi des risques d'illusions ou de désillusions.

URANUS

Sa présence dans un thème natal indique où une personne recherche l'authenticité et la liberté d'expression. Dans le positif, elle peut inspirer des approches nouvelles et créatives dans la croissance personnelle, tandis qu'une position plus difficile peut entraîner des disruptions inattendues ou des luttes pour trouver sa véritable voie.

Maisons astrologiques liées au développement personnel et à la spiritualité

MAISON IX

Les planètes dans cette maison indiquent les domaines d'apprentissage, les croyances et les expériences qui enrichissent la vie de l'individu.

MAISON XI

Associée à l'inconscient, aux mystères et à la spiritualité, la Maison XII révèle les éléments cachés qui influencent la vie spirituelle de l'individu. Les planètes en Maison XII peuvent indiquer des défis à surmonter pour atteindre un état de paix intérieure ou une compréhension spirituelle plus profonde.

Aspects

Les aspects entre Jupiter, Saturne et les planètes personnelles influencent la dynamique de la croissance personnelle.

Les aspects de Neptune avec les planètes personnelles révèlent comment la spiritualité et l'intuition sont intégrées dans la vie quotidienne.

FINANCES ET SÉCURITÉ MATÉRIELLE

Planètes clés: Vénus, Saturne, Jupiter, Mars

VÉNUS

Vénus joue un rôle crucial dans les finances et la sécurité matérielle. Sa position dans le thème natal indique comment une personne aborde l'argent, les possessions et la manière dont elle recherche le confort matériel. Dans le positif, cela peut signaler une relation saine avec l'argent et la capacité d'attirer des ressources. À l'inverse, cela peut indiquer des défis dans la gestion des finances ou des désirs matériels excessifs.

SATURNE

Dans le domaine financier, Saturne représente les structures et les restrictions. Saturne favorable peut indiquer une approche sérieuse et responsable de l'argent, conduisant à une sécurité matérielle à long terme. En revanche, des aspects difficiles peuvent signaler des difficultés financières, des préoccupations liées à la sécurité ou des peurs de manquer.

JUPITER

Sa position peut indiquer les domaines où une personne peut connaître une croissance financière et attirer la prospérité.

MARS

En matière de finances, il représente la façon dont une personne prend des initiatives pour générer des revenus et atteindre la sécurité matérielle. Mars peut indiquer une capacité à travailler dur et à prendre des risques calculés pour améliorer sa situation financière.

Maisons astrologiques liées aux finances et à la sécurité matérielle

MAISON II

Les planètes qui s'y trouvent ou qui en font aspect donnent des indications sur la manière dont une personne aborde l'argent et les biens matériels.

MAISON VIII

Elle indique comment une personne gère les finances qui ne proviennent pas directement de son travail, comme les investissements ou les héritages. Les planètes en Maison VIII peuvent indiquer des défis ou des opportunités dans ces domaines.

Aspects

Les aspects entre Vénus, Saturne et Jupiter influencent la dynamique des finances personnelles.

Les aspects de Mars avec les planètes personnelles révèlent comment l'énergie et l'initiative sont appliquées dans le domaine financier.

CONCLUSION

L'astrologie est un outil de connaissance de soi et de développement personnel. Loin de se limiter à l'horoscope, elle offre une compréhension plus profonde de nos forces, de nos défis et des influences énergétiques qui façonnent notre parcours de vie grâce à l'analyse de notre thème astral.

L'astrologie aide à prendre conscience des cycles naturels qui rythment la vie, tout en offrant une perspective sur la façon dont ces influences planétaires affectent nos choix, notre évolution personnelle et nos relations.

En effet, en examinant les cycles planétaires et leurs transits à travers les maisons, l'astrologie met en lumière les moments clés de transformation, de croissance et de maturation, nous aidant à naviguer dans les périodes difficiles et à saisir les opportunités de développement.

Cette approche holistique nous rappelle que chaque individu fait partie d'un ensemble plus vaste, où les mouvements cosmiques influencent les expériences humaines.

L'astrologie, en tant qu'outil de réflexion et d'introspection, encourage à mieux se connaître, à accepter ses cycles de vie et à aborder chaque étape avec conscience et compréhension. Elle ouvre une porte vers une plus grande harmonie intérieure, nous guidant vers un chemin de réalisation personnelle.

GLOSSAIRE

A

* **Ascendant :** le signe zodiacal qui se lève à l'est au moment de la naissance. Il influence la personnalité extérieure et l'apparence.
* **Aspect :** relation angulaire entre deux planètes dans un thème astral, influençant leur interaction.

B

* **Balance :** septième signe du zodiaque, associé à l'harmonie, la justice et la beauté.
* **Bélier :** premier signe du zodiaque, symbole d'initiative et de courage.
* **Bénéfique :** planètes comme Vénus ou Jupiter, associées à des influences positives.

C

* **Cancer :** quatrième signe du zodiaque, lié à la famille, l'émotion et la protection.
* **Capricorne :** dixième signe, symbolisant l'ambition, la discipline et la structure.
* **Carte natale :** carte astrologique basée sur la position des planètes à la naissance.
* **Cuspide :** bordure entre deux signes ou deux maisons.

D

* **Décan :** division de 10° d'un signe zodiacal, influençant ses nuances.
* **Dignité :** position où une planète est forte (domicile, exaltation).
* **Dissonant :** aspect créant des défis ou des tensions dans le thème natal.

E

* **Éclipse :** phénomène lunaire ou solaire ayant une forte influence énergétique.
* **Élément :** Feu, Terre, Air, Eau – regroupe les signes par affinité.
* **Éphémérides :** tableaux des positions planétaires pour une date donnée.

F

* **Feu :** élément symbolisant la passion et l'enthousiasme (Bélier, Lion, Sagittaire).
* **Fond du ciel (FC) :** Cuspide de la quatrième maison, liée aux racines et à la famille.

G

* **Gémeaux :** troisième signe du zodiaque, lié à la communication et à la curiosité.
* **Grand trigone :** configuration harmonieuse formée par trois planètes dans un même élément.

H

* **Harmonique :** aspect fluide entre deux planètes (trigone ou sextile).
* **Horoscope :** prévisions basées sur la position actuelle des planètes.

J

* **Jupiter :** planète associée à l'expansion, la chance et la croissance.

L

* **Lion :** cinquième signe, représentant la créativité et la confiance.
* **Lune :** corps céleste influençant les émotions et les instincts.

M

* **Maison :** division du thème natal en douze secteurs représentant des domaines de vie.
* **Mars :** planète de l'action, de la guerre et de l'énergie.
* **Mercure :** planète de la communication et de l'intellect.

N

* **Nœud lunaire :** points calculés représentant le chemin de vie et le karma.
* **Neptune :** planète liée à l'intuition, aux rêves et à l'illusion.

P

* **Pluton :** planète associée à la transformation et au pouvoir.

R

* **Rétrograde :** mouvement apparent d'une planète en arrière, influençant l'introspection.

S

* **Saturne :** planète liée à la discipline, la responsabilité et le temps.
* **Scorpion :** huitième signe, symbolisant la transformation et la passion.
* **Secteur :** synonyme de maison astrologique.
* **Soleil :** représente le moi profond et la vitalité.

T

* **Taureau :** deuxième signe, associé à la stabilité et à la sensualité.
* **Thème composite :** carte combinée pour analyser une relation.
* **Transit :** mouvement actuel des planètes influençant le thème natal.
* **Trigone :** aspect harmonieux de 120° entre deux planètes.

U

* **Uranus :** planète des changements soudains et de l'innovation.

V

* **Vénus :** planète de l'amour, de l'art et des valeurs.
* **Verseau :** onzième signe, lié à l'innovation et à l'altruisme.
* **Vierge :** sixième signe, symbolisant la précision et le service.

Z

* **Zodiaque :** ceinture imaginaire où se déplacent les planètes.
* **Zenith :** point le plus élevé dans le thème natal, lié à la carrière et aux objectifs.

INDEX

7/9, rue Saint-Germain l'Auxerrois 75001 Paris
Direction de publication : Didier Ballot
Direction éditoriale : Marie Roussos
Responsable éditoriale : Séverine Pedan
Édition : Kelian Fageon
Correction : Gaspard Bertrand
Adaptation graphique et mise en pages : Hermine Blanquart
Couverture : Élise Godmuse
Crédits iconographiques : © Shutterstock, © Unsplash
Suivi de fabrication : Ganboa

ISBN : 978-2-38355-740-1
Dépôt légal : février 2025
Achevé d'imprimer en janvier 2025 en Espagne par Ganboa.